数字新经济

陈 琼 ◎ 著

中国商业出版社

图书在版编目（CIP）数据

数字新经济：数字经济时代的机遇与挑战 / 陈琼著
. -- 北京：中国商业出版社，2022.11
ISBN 978-7-5208-2233-6

Ⅰ.①数… Ⅱ.①陈… Ⅲ.①信息经济 - 研究 Ⅳ.
①F49

中国版本图书馆 CIP 数据核字 (2022) 第 171647 号

责任编辑：包晓嫱

（策划编辑：佟 彤）

中国商业出版社出版发行

（www.zgsycb.com 100053 北京广安门内报国寺 1 号）

总编室：010-63180647　编辑室：010-83118925

发行部：010-83120835/8286

新华书店经销

香河县宏润印刷有限公司印刷

*

710 毫米 ×1000 毫米　16 开　13.75 印张　165 千字

2022 年 11 月第 1 版　2022 年 11 月第 1 次印刷

定价：88.00 元

****

（如有印装质量问题可更换）

前言

数字新经济是助力国家经济发展不可缺少的新力量

随着以大数据、人工智能为代表的新一代信息技术迅猛发展,数字经济已经成为引领全球经济社会变革、推动我国经济高质量发展的重要引擎。特别是近年来,我国数字经济新动能加速崛起,各行各业尤其是一些传统制造型企业在加速进行数字化转型,与此同时,更多的人开始接受新型的工作和生活模式。可以说,数字经济的影响,在社会生产生活的方方面面都有体现。

何为数字经济?通俗地说,数字经济就是指以数据资源为关键生产要素,以现代信息网络作为重要载体,以信息通信技术的有效使用作为效率提升和经济结构优化的重要推动力的一系列经济活动。它是继农业经济、工业经济之后的一种全新的经济社会发展形态。

如今,经济全球化遭遇逆流,但新一轮科技革命和产业变革正在加速演进。在这样的时代背景下,做大做强数字经济不但可以提升我国产业链、供应链的自主可控能力,而且可以推动制造业高质量发展,支撑构建新发展格局,

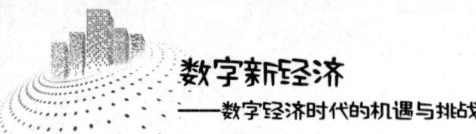

并为我国抢占国际竞争制高点、把握发展主动权,赢得机遇。

国家互联网信息办公室发布的《数字中国发展报告(2020年)》显示,2020年,我国数字经济总量跃居世界第二,数字经济规模再创历史新高,数字经济增速持续保持高位,数字经济贡献水平显著提升,数字经济结构继续优化升级,数字经济已成为经济增长新引擎。与此同时,数字产业化稳步发展,产业数字化深入推进,数字化治理能力提升,数据价值化加速推进。但是,在数字核心技术、数字人才培养、数字基础设施建设等方面,依然存在着一定的短板。

《中华人民共和国国民经济和社会发展第十四个五年规划和2035年远景目标纲要》明确提出,未来要"加快数字发展,建设数字中国"。特别是"十四五"规划,划定了7个重点产业,包括云计算、大数据、物联网、工业互联网、区块链、人工智能、虚拟现实和增强现实,这七大产业不但是数字经济的核心产业集群,未来,它们还会进一步夯实我国数字经济发展基础,推动我国实体经济发展模式、生产方式进行深刻变革。

未来,数字新经济将继续驱动中国经济迅速、健康增长。这不仅为全球经济实现复苏提供了中国方案,也为重塑全球数字化格局贡献了中国智慧。可以预见,在不远的将来,中国会成为全球数字经济的重要引领者与关键力量。

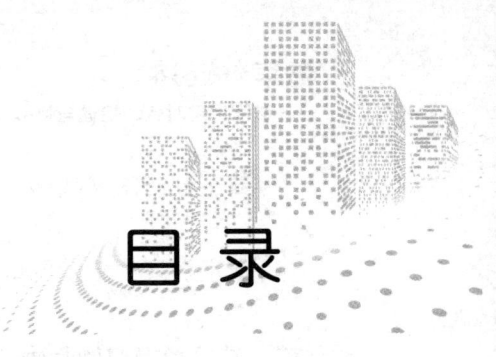

目 录

上篇 数字经济是什么？

第一章 数字经济的本质

数字经济及其基本特征　　/2

数字经济的本质——信息化　　/7

数字经济和数字货币的关系　　/10

数字经济与实体经济的关系　　/15

数字经济的四大影响要素　　/20

数字经济的"时、事、势"　　/24

第二章 数字经济顶层设计

中国数字经济发展回顾与展望　　/30

数字经济政策的三个发展阶段　　/35

工信部的大数据战略　　/39

　　　　数字经济国家战略，关键在于企业　　　/42

　　　　数字经济创新发展试验区建设　　　/46

第三章　数字经济中的暗礁

　　　　数字经济时代的大数据　　　/52

　　　　关于比特币的错误认识　　　/56

　　　　关于数字货币的认知误区　　　/61

　　　　关于数字人民币的认识　　　/65

　　　　关于"ICT+"的认识　　　/69

　　　　数字科技的发展不能跨越雷区　　　/72

第四章　数字经济的六大趋势

　　　　数字经济时代的普惠发展　　　/80

　　　　数字经济时代的公平就业　　　/83

　　　　数字经济时代的数字隐私　　　/87

　　　　数字经济时代的国际化规则　　　/91

　　　　数字经济时代的绿色发展　　　/95

　　　　数字经济时代的智慧社会　　　/98

下篇 数字经济应用场景

第五章 云端制造：数字经济的主战场

制造业数字化转型的典型特征　/104

上汽大通的智能定制模式创新实践　/109

伟星股份集团的数字化转型实践　/115

南方水泥用数字化推进企业变革　/119

兖矿集团以数字赋能"智慧兖矿"　/123

第六章 线上教育：数字技术催生教育革新

数字技术带来的教学方式大变革　/128

线上教育迎来全民时代　/132

技术赋能，线上教育的优点与劣势　/137

第七章 智能医疗：数字经济下的新业态

数字经济时代下，互联网医疗的"智能+"新特征　/144

武汉大学中南医院"5G+AI"助力抗疫　/149

"江苏健康通"打造新冠肺炎智能问诊工具　/151

碧拓科技红外测温分析助力城市守住第一道大门　/154

心医国际远程医疗云平台打造不同场景应用　/157

第八章 运输物流：数字技术助力降本增效

大数据和算法为交通运输与物流业赋能　　/162

"京慧"助力京东实现供应链数智化转型　　/167

深圳机场集团数字化转型的挑战与逆袭　　/171

某物流集团用数据驱动企业数字化转型　　/176

"中储智运"赋能数字供应链管理　　/180

第九章 元宇宙：数字技术的未来应用

芯片技术：构建元宇宙的物理载体　　/186

网络通信技术：开启元宇宙时代的钥匙　　/189

虚拟现实技术：提供极致的沉浸式体验　　/193

游戏技术：打破虚拟与现实世界的壁垒　　/197

AI 技术：构建更智能的"互联网＋"世界　　/200

区块链技术：元宇宙时代的"基础设施"　　/204

后记：元宇宙的未来运用及思考　　/208

上篇 数字经济是什么？

第一章 数字经济的本质

数字经济是经济发展的新的生命力，是创新经济、绿色经济，是开放经济，也是分享经济。数字经济的本质在于信息化。通过大数据、人工智能等技术的广泛应用，数字经济服务于实体经济已成为常态，数字革命创造的信息产业正逐渐，或已经成为新型战略性产业。

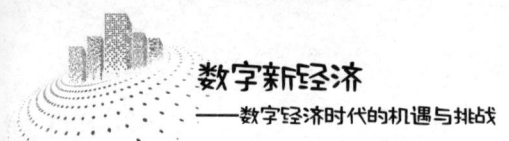

数字经济及其基本特征

中国互联网络信息中心发布的第 50 次《中国互联网络发展状况统计报告》显示：截至 2022 年 6 月，中国网民规模达 10.51 亿。庞大的网民构成了中国蓬勃发展的消费市场，2021 年底，中国数字经济规模高达 45.5 万亿元，已跻身世界前列。

由此可见，以互联网为依托形成的数字经济，彻底打破了传统商业格局，也彻底颠覆了人们的生产、一个属于数字经济的新时代已经来临。

2020 年新型冠状病毒肺炎疫情蔓延，从旅游、酒店行业，到餐饮、物流行业，再到教育培训、各生产行业等，各行各业几乎都因新冠肺炎疫情受到了不同程度的影响，在这种情况下，数字经济成为逆势增长的发展新引擎，未来大力发展数字经济已经成为世界各国的主要目标。

人类的每次重大技术革命带来的不仅是让生产力飞速进步，还让人们的生活方式和社会形态发生了变化。铁器的发明使得人类社会步入农业经济时期，蒸汽机和各种大机器的发明使用使得人类社会进入工业经济时期，而 20 世纪

上篇 数字经济是什么？

随着计算机互联网技术的发明和普遍应用，人类社会经济发展有了一个新形态——数字经济。那么，什么是"数字经济"，互联网的发展又是如何成就"数字经济"的呢？

"数字经济"这一概念，是由新经济学家和商业策略大师唐·泰普斯科特在20世纪90年代提出的，他出版了一本详细论述互联网对社会经济影响的著作《数字经济》，此后，"数字经济"这一概念得以广泛传播。日本在1997年就开始使用"数字经济"一词，美国1998年的商务报告名为《浮现中的数字经济》，其持续关注了这一与互联网技术密切相关的"新经济"现象，发布了多项以"数字经济"为主题的研究成果。

在我国，互联网、"互联网+"和数字经济的发展是一脉相承的，互联网是新兴技术和先进生产力的代表，"互联网+"则是实现生产力快速发展、经济进步的手段和工具，而最终的结果便是数字经济。在传统产业与互联网的各种跨界融合深入发展中，数字经济得以不断发展壮大。

尽管发展"数字经济"已经成为各界共识，但时至今日，人们对于数字经济的定义并没有形成统一认识。

从经济学角度来看，数字经济是人类通过大数据（数字化的知识与信息）的识别—选择—过滤—存储—使用，引导、实现资源的快速优化配置与再生，实现经济高质量发展的经济形态。

从社会学角度来看，数字经济指一个经济系统，在这个系统中，数字技术被广泛使用并使得整个经济环境和经济活动发生了根本变化。数字经济也是一个信息和商务活动都数字化的全新的社会政治和经济系统。

《G20数字经济发展与合作倡议》则阐述为："数字经济"是指以使用数

字化的知识和信息作为关键生产要素、以现代信息网络作为重要载体、以信息通信技术的有效使用作为效率提升和经济结构优化的重要推动力的一系列经济活动。

作为一种与互联网伴生的新型经济形态，数字经济主要有以下四大特征。

（1）产业数字化

网络技术的普遍应用和发展使得无线网络、宽带、云计算、芯片和传感器等新一代基础设施得以出现和普及，很多传统的基础设施也在慢慢被互联网技术所渗透和改造，如乘坐公交车可以使用手机二维码付款、无人驾驶汽车、数字化停车系统等。今天，数字化的技术、服务、产品仍然在快速向传统产业的各个领域渗透，各行各业都呈现出了产业数字化的明显特征。

（2）数字产业化

资料显示，有知名主播曾经作为特殊人才成功落户上海；"直播销售员"成为"官方认证"的新职业；四川省出台省级直播行业发展计划，拟两年带动产值1000亿元；2020年直播行业产业超过1000亿元；高校开设电商、网红、电竞专业；一个网红养活多家工厂……数字产业化已经成为不可阻挡的发展大势。据工信部新闻发言人介绍，截至2021年7月，全国开通5G基站97万个，即便是偏僻的农村也可以实现与城市一样的网速，城乡以及各地区之间的数字鸿沟正在逐渐缩小。我国重点推进建设的5G网络、数据中心、工业互联网等新型基础设施，本质上就是围绕科技新产业的数字经济基础设施，可以为数字产业化提供强大助推力。

（3）数据价值化

在数字经济时代，数据成为新的关键生产要素。什么是数据价值化？数据

价值化是指以数据资源化为起点,经历数据资产化、数据资本化阶段,实现数据价值化的经济过程。

当下,全球数据出现"井喷"式生产,据国际数据公司(IDC)发布的《数据时代2025》显示,到2025年,全球产生的数据将达到175ZB,要知道,在2018年,全球产生的数据仅为33ZB。较为完整的数据资源供应链的形成,也为数据资源化奠定了基础。在此基础上,数据采集、数据标注、时序数据库管理、数据存储、商业智能处理、数据挖掘和分析、数据交换等技术领域获得了快速成长。

我国非常重视数据在数字经济发展中的作用,并先后出台了一系列相关政策文件。2020年4月9日,国务院印发《关于构建更加完善的要素市场化配置体制机制的意见》,提出要加快培育数据要素市场,这标志着数据开始成为数字经济时代的基础性、战略性资源和重要生产力。2021年1月31日,《建设高标准市场体系行动方案》发布,明确提出要加快培育发展数据要素市场,建立数据资源产权、交易流通、跨境传输和安全等基础制度和标准规范,推动数据资源开发利用。

(4)虚拟与现实融合化

数字技术的发展使得网络系统和物理系统得以统一,产生了信息物理系统,简称CPS。这一系统使得我们身边各种物体具有计算、通信、精确控制、远程协作和自组织功能,实现了计算能力与物理系统的紧密结合与协调。在这一系统的推动下,物理世界、网络世界和人类社会之间的界限越来越模糊,一个网络世界、物理世界和人类社会互联互通的新世界正在形成。

数字新经济
——数字经济时代的机遇与挑战

  随着移动互联网、大数据、云计算、人工智能、物联网、区块链等信息技术的突破和融合发展,一场影响未来数十年的"数字革命"正在上演,它不但推动了经济实现良性发展,还让传统产业实现重整及优化升级,并最终促成整个社会层面的转型。

数字经济的本质——信息化

在很多人的观念中,数字经济就是虚拟经济,就是网络经济。其实,这是一种片面甚至是错误的认识。数字经济的本质,不是虚拟化、网络化,而是信息化。为了清楚地说明这个问题,下面先举一个小例子。

例如,A与B一直生活在农村,A养猪,B种葡萄。以前,A想卖猪,就只能等猪贩来收,市场价格多少钱一公斤,也基本上是对方说了算。B每到葡萄上市前,都会担心葡萄卖不出去,烂在地里。所以,他们很难将猪和葡萄卖上好价钱,而且每年的收入也不稳定。

现在,随着网络经济的兴起,他们改变了过去的做法。他们会根据以前的市场销售平均值,来决定今年养多少头猪,种多少亩葡萄,然后请人进行数据建模,并通过收集相关的行业数据来预测市场情况。如此下来,他们每年的收入都会稳定增长。

从中可以看出,A与B之所以能增收,本质不在于销售渠道的改变,而在于对信息的捕捉与处理。他们通过收集数据、建模、预测等,准确地把握住了

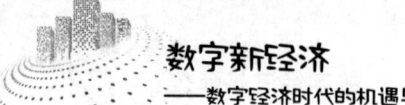

市场的需求。可以说，他们不是在靠天，而是靠数据吃饭，这就是最简单的数字经济，其本质是信息化。

什么是信息化呢？

信息化，可以理解为是由计算机与互联网等生产工具的革命所引起的工业经济转向信息经济的一种社会经济发展过程。它包括信息技术的产业化、传统产业的信息化、基础设施的信息化、生活方式的信息化等内容。信息技术在经济领域的应用主要表现在用信息技术改造和提升农业、工业、服务业等传统产业上。特别是近几年，大数据、人工智能、虚拟现实所代表的新一轮信息技术逐渐成为数字经济发展的新的支撑点与动力。

为了便于通俗地理解这一点，我们可以再从另外一个角度看这个问题。比如，在现实生活中，我们处处要用到数学，要用数据说话，甚至数学已经成为我们揭示一些事物规律、本质的重要工具。就像古希腊哲学家柏拉图所说的那样，"现实是完美世界的一个投影，那个完美世界是由数学建造的"。

人类思维是通过各种感官、器官，将听、视、嗅、触等收集的数据在脑神经元网络结构中流动、吸收、重组加工后的产物。

也就是说，人们通过原始观察、度量及数字化手段获取作为原始材料的各类数据；按照规则将有逻辑、有意义的数据加工成信息；再对各类信息集合进行综合、提炼、归纳后形成特定的知识；智慧则是合理地应用知识并进行正确判断、决策的能力，是人类的最大特征。从中不难看出，知识源于信息，信息来源于数字。

下面再来看个例子。

假如一个瓶子能够装下20粒同样大小的石子。如果将石子打成颗粒，那么它就可以把40粒石子装进去，甚至更多。如果打成粉末？同样的瓶子，可能容纳之前的几倍。即物质的颗粒度越小，在容器容量不变的前提下，可容纳的物质数量就越大。换句话说，就是在瓶子容量不变的前提下，石子被打得越碎、越细，瓶子装得就越多。

在这里，破碎石子的过程，我们可以理解为是在进行数字化处理。可见，经过数字化处理后，瓶子能装下的石子更多了，其价值显得更大了。

同样的道理，在经济活动中，我们经常要对一些事物进行数字化处理，并获得一些数据，通过对数据进行一定的处理，再让它们成为经济信息，从而显现出它应有的价值，可以说，这是一个让事物价值不断提升的过程。小麦没有面粉值钱，面粉没有面条值钱，更没有牛肉面值钱。为什么？因为小麦需要加工才能成为面粉，面粉需要经过加工才能成为面条……每一个加工的过程，都是一个提升附加值的过程。

数字，就好比这里的小麦，只有经过加工，才能变成信息，信息在被深入地分析、解读后，才能变得更有意义与价值。

所以说，数字经济并非我们想象中的虚拟经济、网络经济，这里的"数字"，它不只是个形容词，更是一种信息化的工具——它具备快速的交流、共享能力，以及精准的预测能力，让经济拥有了智能。这便是数字经济与其他经济的本质不同。

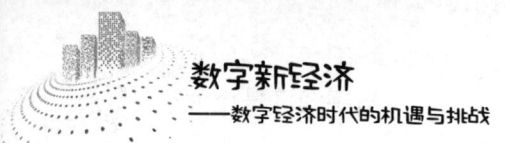

数字经济和数字货币的关系

讨论数字经济,就不得不提及数字货币。特别是在新冠肺炎防控期间,各种"非接触式"的生活、学习、工作方式让人们对数字货币更为关注与期待。由于我国的数字人民币还没有正式推出,所以,许多人对数字货币的概念仍然停留在"数字货币就是虚拟货币,就是比特币"上,而且认为经常使用的支付宝、微信钱包都属于数字货币。

其实不然。

货币作为市场等价物,在人类历史上先后经历了 5 次重大的演变。数字货币代表了其最新的发展阶段。最早是实物货币,即远古时期的以物换物,粮食、布匹、毛皮、工具、陶瓷器、家畜、贝壳等都曾经充当过货币。其次是金属货币,也就是历史上曾用金、银、铜、铁等的不同形态作货币。再次是纸币,最早出现在中国,一直到现在,各国依然在使用。最后是货币的电子支付,典型的代表有常见的银行卡、支付宝、微信零钱等。

数字货币作为一种新生的货币,现在已经开始走入我们的生活,它基于公共区块链和计算机加密运算等技术，依托互联网由网民自行开发并发行，国外典型代表有比特币、以太币等。

什么是数字货币呢？

目前，全球还没有形成一个统一的定义。从其英文 Digital Currency 的字面来理解，一些专家给出的定义是：电子形式的替代货币。从这个意义上说，数字货币有别于虚拟世界中的虚拟货币，因为它能被用于真实的商品和服务交易，而不局限在网络游戏中。

2016 年，《时代金融》第 24 期《数字货币的相关问题分析》中提到，国际金融行动特别工作组对数字货币的定义是：通过数据交易发挥交易媒介、记账单位及价值储存的功能，是价值的数据表现形式。

国际货币基金组织认为，数字货币指的是价值的数字化表示，但它并不是任何国家和地区的法定货币，没有政府当局为其提供担保，它只能通过使用者间的协议来发挥相关功能。

在我国，人民币数字货币是以现实人民币为基础，通过数字网络技术创造，而非凭空制造的一种电子货币，它具有网络数据包的主要特征。而且，在我国人民币数字货币是一种法定货币，它与比特币以及其他一些虚拟货币有着本质的区别。

2008 年，被认为是数字货币诞生的元年，这年 11 月 1 日，在一个不知名的小网站，有人发表了一篇题为《比特币，一种点对点方式的电子现金》的文章。其中"比特币"的概念就成了后来人们理解数字货币和数字经济的基础。近 13 年的时间，数字货币发生了根本性的变化，它开始从边缘走向中心，从民间走向政府，对整个经济体系产生着越来越重要的影响。

当然，我们如今看到的，或是讨论的数字货币，不仅仅是各国央行发行的数字货币，各国央行发行的数字货币只是目前数字货币生态中的一个组成部分，虽然它将来有可能成为主导部分，但我们不可忽视其他的数字货币，比如比特币。虽然各国政府的态度不一样，有的认为它是合法的，例如日本，有的认为它在主权范围内是不能流通的，不视它为货币，也有持观望态度的，但是不可否认，它的影响确实是存在的。

我们这里讲的数字货币，是指各国央行发行的数字货币，而非比特币。数字货币对数字经济的影响主要表现在以下几个方面。

（1）有助于数字经济提质增效

首先，数字货币的流通有助于提升交易效率，降低交易成本。例如，在资金支付上，数字货币可以进行点对点即时支付结算，方便快捷，可以省去中间方对账、清算、结算的流程，能自动化执行，可以降低支付成本和错误率，提高支付效率。

其次，数字货币能够丰富货币的应用场景，从而大幅拓展数字经济的内涵空间。

再次，数字货币支付的数字签名技术可以确保交易的安全性，比如其交易的匿名性，通过保护合法用户的隐私，进而为数字经济营造较好的交易环境。

最后，数字货币技术将有助于优化金融基础设施，提高金融运行效率和安全保护，从而增强金融服务在数字经济发展中的能力。

（2）有助于数字经济普惠共享

G20数字普惠金融高级原则提倡"与金融行业合作，探索发行数字法定货币对普惠金融的益处"，将数字货币作为推动普惠金融发展的一个重要举措。

这也可以用来解释，为什么各国央行都在积极研究法定数字货币？数字货币可以充分利用先进数字技术，加大金融服务对不同地区、不同群体的覆盖，为一些受限人群提供一系列合宜的、负责任的金融服务，如支付、转账、储蓄、信贷、保险、证券、金融规划和账户报表等，从而为他们融入数字经济创造便利条件，让经济发展更加均衡、更加共享、更加普惠。

（3）有助于数字经济宏观调控

数字经济是一种新型的经济形态，与传统经济的运行模式和特点有着本质的不同。这就要求宏观经济调控方式作出一定的调整和改进，而数字货币的研发与应用有助于对经济进行宏观调控。例如，数字货币具有可追踪性，它可以让央行追踪和监控数字货币投放后的流转，进而获取货币全息信息，包括货币流转节点、流通路线、周转速度等。央行对货币的发行、流通、储藏等数据进行深入分析后，能够了解货币运行的规律和结构特征，并透过这些信息，探知经济个体行为，从微观把握宏观，提高货币调控的预见性、精准性和有效性。

（4）有助于数字经济风险防范

要预防系统性金融风险，一个重要的措施就是健全金融监管体系。作为一种全新的经济形态，数字经济的发展也可能会带来一些金融风险，特别是数字经济活动的虚拟化、网络化和智能化，有时候会放大经济金融风险，而数字货币能够为金融监管创造新的工具和手段。例如，通过数字货币流对经济信息流的捕捉，以及基于大数据的分析，一方面能够有效改进宏观经济统计信息质量，辅助逆周期宏观经济调控；另一方面，可以在此基础上，及时监测经济的微观动态行为，从而在更大范围内聚合风险数据，然后通过一些技术手段来进行风险评估，并进行有效监管干预等，以防范金融系统性风险。除此之外，数字货

币可以有效地预防经济犯罪、逃税漏税等。

综上所述,数字货币不但是数字经济时代发展的必然产物,也是数字经济发展的基石。每个时代的发展都有对应的货币形态,如农业经济时代的实物货币、贵金属货币,工业经济时代的纸质信用货币,数字经济时代也需要数字货币来完善金融基础设施,更好地服务经济发展。

可以预见,发展数字经济,推动数字化发展已经是不可逆转的历史趋势,数字货币逐步取代纸质货币具有坚实的技术基础,也更适应未来数字经济发展的需要。如果把金融比作经济运行的"血液",那数字货币就是数字经济的"灵魂",一个失去了数字货币支撑的数字经济必然不能行稳致远。

数字经济与实体经济的关系

如今,数字经济已经成为驱动世界各国经济发展的重要力量,数字经济也成为大国之间竞争的重要领域。在这种大背景下,全球数字经济日益活跃,数字技术快速发展,数字经济与实体经济的融合日益深化,新技术、新产品、新业态、新模式不断涌现。

当然,也有一种声音认为,随着数字经济的发展,实体经济的生存与发展空间会越来越小,甚至有人觉得"现在实体生意越来越难做",是"互联网惹的祸",是"数字经济造成的"。持这种观点的人,往往是基于这样一种逻辑:数字经济与实体经济是对立的、排斥的、竞争的,是水火不容的。简单来说,就是"有我没你""有你没我",但现实不是这样的!

数字经济与实体经济不是完全割裂的。道理很简单,数字经济是继农业经济、工业经济之后的第三种经济形式,是一个非常广泛的概念,它与实体经济的关系并非互斥,而是纠缠的、并列的,是你中有我,我中有你,数字经济里有实体经济,但又不全是实体经济,实体经济里有数字经济,但也不全是数字

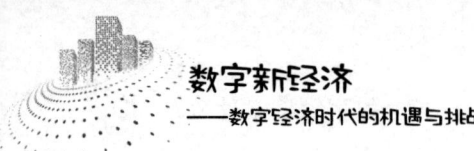

经济。

具体来说,这种关系表现在以下3个方面。

(1) 数字经济与实体经济是融合关系

在数字经济时代,新产品、新服务层出不穷,而其更新、迭代速度越来越快,过去以年以月为周期,现在以星期以天为周期。如果产品研发跟不上,不能敏锐地捕捉市场信息,那么在全球新科技带来的商业大洗牌中,很快就会被淘汰。所以,现实经济一定要与数字经济融合,通过数字技术打通线上线下,甚至是国内国外。

尤其是一些传统产业,只有通过智慧连接,才能实现数字化转型升级。近几年各国逐渐兴起的数字制造,就是数字经济与实体经济融合发展的很好范例,比如机械加工制造业,过去是以金属切削的方式"做减法",不但效率低,还会浪费大量的原材料。如今有些在数字化方面有了相当积累的机械加工企业,开始选择走发展数字制造的路子,采用以信息技术与智能制造技术融合为核心的3D打印技术,变"做减法"为"做加法"——进行堆栈制造。如此,便可大幅降低工时,节省原材料,并提升效率。

党的十九届五中全会通过的《中共中央关于制定国民经济和社会发展第十四个五年规划和二〇三五年远景目标的建议》针对"加快数字化发展"作出了全面部署,要求"推进数字产业化和产业数字化,推动数字经济和实体经济深度融合,打造具有国际竞争力的数字产业集群"。

不可否认,数字制造已经成为数字经济的重要组成部分,如先进制造技术、信息技术、智能技术等的集成与融合,促成了传统产业的改造升级。除此之外,近年来工业互联网、智能制造、两化融合、车联网、平台经济等融合型新产业、

新业态也开始逐渐出现,并深刻地改变着人类的生产生活方式。

这都说明,数字经济与实体经济各领域的深度融合,不但可以提升生产效率,改变生产模式,而且还会给产业转型升级注入动力。

(2)数字经济赋能实体经济

近几年,门店、商铺等线下企业客流量在逐年减少,获客成本越来越高。其实,综观这些经营困难的门店,它们有一个共同特点,就是没有进行数字化转型,没有"互联网+",仍然在用传统的卖货思维经营老本行——拼命地塑造产品的价值、拼命地铺货、拼命地推销……

这是一个互联网时代,要想生意做得好,一定要突破时空限制,学会共享,学会引流,要做到这一点,就离不开数字经济的赋能。有些实体店生意看似冷冷清清,其实生意早已做到了全国,利润打着滚地往上翻,原因很简单,它们能借数字经济赋能,故能分享数字经济时代的红利。

如今,中国已经是一个数字的中国,数字与技术已经成为新的基础设施。每个人只要有一部手机,就可以各种"买买买",商家只要通过一部手机就能进行直播销售,可以说,数字经济为诸多企业提供了良好的发展空间,尤其在新冠肺炎疫情期间,线上生活需求催生的直播电商经济发展,势头强劲。很多企业和个人通过电商直播,转危为机,鸿星尔克就是其一。

如果说,在十几年前转型线上的企业是抓住了时代的机遇,那么在当下这个创新密集和产业变革的时代,企业需要做的,是如何坚守主业,抓住数字化转型的机遇。数字化为实体经济发展拓展了新空间,对推动传统产业转型升级起到了促进作用,催生新产业、新业态、新模式。所以,一家企业,即使没有数字化再造的能力,也要有数字化转型思维,只有让数字经济为实体经济充分赋能,才能创造应有的价值。

(3) 数字经济是实体经济的一部分

数字经济是一种经济形态,其典型特征就是数字化,也就是说,随着数字技术的不断进步,数字技术越来越多地被应用于实体经济。从这个意义上说,数字经济源于实体经济,本身就是实体经济的一部分。

实体经济的概念是什么?它是指人们通过思想使用工具在地球上创造的经济,包括物质的、精神的产品和服务的生产、流通等经济活动,包括农业、工业、交通、通信、商业服务、建筑、文化等物质生产和服务部门,也包括教育、文化、知识、信息、艺术、体育等精神产品的生产和服务部门。或许正是基于这种概念,我们习惯将互联网世界和实体世界割裂。

如今,大家有了这样的共识:互联网、大数据、云计算是实体经济整体提升的最关键的动能。举个例子,如某企业将互联网技术应用于零售,那我们可以说它是电商,也可以说它在进行数字化转型,但它本身就是一个实体,是在运用数字化技术做实体经济。特别是在数字经济时代,实体经济正在被重新定义,而且越来越多的实体经济事实上已经是被数字技术、大数据驱动的经济。

如今,数字经济与实体经济融合得越来越紧密。2021年政府工作报告提出,"加快数字化发展,打造数字经济新优势,协同推进数字产业化和产业数字化转型",这是数字经济第四次写入政府工作报告。可见,发展数字经济、建设"数字中国"已上升为国家战略。

未来,加快推动数字产业化、产业数字化,促进数字经济与实体经济融合发展,数字经济才能拥有真正落地的基础。特别是目前,大数据、云计算、物

联网、人工智能等新一代信息技术的应用,以及在生产生活各领域的加速落地,既为数字经济的规模化发展奠定了基础,也为实现经济数字化转型、升级与发展提供了有力支撑。

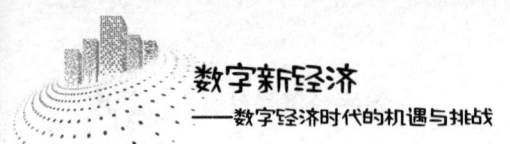

数字经济的四大影响要素

每一种经济形态都有影响其自身发展的核心要素,数字经济作为一种全新的经济形态,被认为是人类生产函数的一场范式变革,是经济运行模式的一次形态重构。那这种新经济形态和以往的经济形态相比,具备怎样的要素呢?为此,我们可以从它的定义中寻找答案。

目前,得到广泛认可的定义是《G20数字经济发展与合作倡议》中给出的定义,即数字经济是指以使用数字化的知识和信息作为关键生产要素、以现代信息网络作为重要载体、以信息通信技术的有效使用作为效率提升和经济结构优化的重要推动力的一系列经济活动。

从这个定义中不难看出,其创造经济增加值的核心生产要素不再是土地、人力、资本等,而是数据,除此之外,还有其他几种全新的要素在左右着它的发展。

(1) 数据

在数字经济时代,一定要将数据作为生产要素来看待,过去,生产过程主要是资金、原材料以及人工等，而数字经济的核心生产要素是数据。这里的数据，是指数字化的知识和信息。虽然有些数据是服务于传统工业的，有些数据是服务于数字经济的，但是它们都是数字经济时代加工的对象。

要知道，全球大数据的增速符合"大数据摩尔定律"，即每大约两年会翻一番。如此庞大的数据及其处理与应用需求，自然会催生"大数据概念"，数据日益成为极其重要的战略资产，有人甚至形象地称其为"未来的石油"，数字经济中的"货币"。

那么，如何把分布在各个角落的数据汇聚起来，整理加工成能够演变为数据产品的商品，来为生产、生活服务呢？这也是整个数字经济的核心问题。目前，数据驱动型创新正在向经济社会、科技研发等多个领域扩展，成为创新发展的关键形式与重要方向。近年来，我国在积极开展数据的确权、流动、保护、交易规则的制定等工作，以加快培育数据要素市场。

（2）数字基础设施

数字基础设施，主要指现代信息网络。基础设施是社会分摊资本，是社会生产过程中"一般的共同的生产条件"，它不是直接加入某个特殊的生产过程，而是作为各个特殊生产过程的一般条件或共同条件，是经济发展的基础。

过去，我们一提"基础设施"，首先想到的是交通运输、管道运输、水利设施和电网等工业社会 4 种主要的基础设施，而在数字经济时代，作为影响数字经济发展的重要要素，"基础设施"是指 5G、数据中心等。

具体来说，数字基础设施主要包括网络通信层、存储计算层和融合应用层。网络通信层主要担负数据的感知、采集与传输，是数字基础设施的"感官"和"神经"系统，有点像信息空间中的"高速公路"；存储计算层支撑庞大的数据存

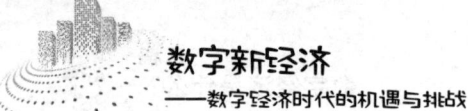

储与计算,是数字基础设施的"大脑";融合应用层是管理数字基础设施和创造应用价值的"灵魂",一类是支撑数字技术应用和产业数字化转型的通用软硬件基础设施,另一类是对公路、电网等传统基础设施进行数字化改造与升级,如智慧能源基础设施等。

(3) 数字素养

什么是数字素养?数字素养是一系列技能,包括使用数字技术发现信息,并对信息的权威性和相关性进行批判性评估的能力。通过数字媒介与别人进行有效沟通也是数字素养的一个重要组成部分。由此可以看出,数字素养不是简单的计算机素养。

在农业经济与工业经济时代,社会对消费者的文化素养没有过多的要求,只是对劳动者的素养有一定的要求,且多局限于一些特定的职业。但是,在数字经济时代,数字素养已成为消费者与劳动者都需具备的一种能力,这是因为随着数字技术向社会、生产等各个领域的"渗透",人们越来越需要掌握双重的技能,即专业技能与数字技能。作为消费者,如果不具备这一技能,将无法正确使用一些数字化产品与服务,将成为数字"文盲"。

(4) 数字经济政策

数字经济政策,是国家为深入贯彻国家数字经济发展战略而提出的政策。近几年,我国先后出台了一些数字经济政策,以确保数字经济得到健康、快速的发展。例如,国家发展改革委、中央网信办研究制定了《关于推进"上云用数赋智"行动培育新经济发展实施方案》,工业和信息化部办公厅印发了关于《中小企业数字化赋能专项行动方案》的通知,等等。

当一个企业要进行数字化转型,或是要进入某个数字经济行业,必须要严

格遵守国家相关的法律,以及行业的相关法规。例如,保护消费者的个人隐私,符合国家对相关产业的规划要求,严格执行国家的相关税收制度,等等。

未来,我国的数字经济总量占GDP的比重将进一步提升。我国发展数字经济的条件基本成熟,现在已经开始进入全新的数字经济时代,这与数据要素市场的培育、全民的数字素养的提升、数字基础设施的建设与完善、国家的数字经济政策的保驾护航等密切相关。

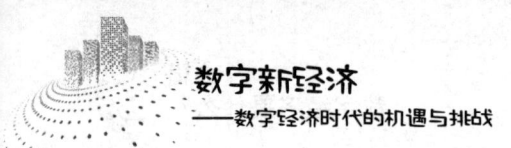

数字经济的"时、事、势"

数字经济是继工业经济之后,我们面临的一个全新的经济形态。作为全球经济发展的新动能,数字经济占全球经济的比重越来越高,故许多国家都将发展数字经济作为推动本国经济提质持续、快速发展的重要举措。在我国,数字经济已成为一个新的推动经济增长、发展的新引擎。

下面,从"时""事""势"3个维度来认识我们身边的数字经济。

(1)发展之"时"

当前,面对新冠肺炎疫情的冲击,多个行业被压抑的需求亟待释放,在此期间所催生的新型消费、升级消费不断壮大,使实物消费和服务消费得到回补与升华,这客观地促进了数字经济的快速发展。

党的十八大以来,中央推出一系列前瞻性的数字基础设施建设政策,特别是网络强国战略的全面实施,成功将我国超大规模市场和人口红利转化为数据红利,探索出适合新兴市场发展环境、不同于西方发达国家的数字经济发展模式。

2020年年底召开的中央经济工作会议指出:"要大力发展数字经济。"数字经济的快速发展,极大促进了我国消费端统一大市场的形成和零售业的现代化。目前,我国已成为世界上最大的电子商务市场,社会消费品零售总额位居世界前列。

"十四五",是数字经济发展的重要机遇,我国将加大以第五代移动通信网络等为代表的新型基础设施投资力度,促进数字经济和实体经济的深度融合,通过数据流通、共享和合作打通供应链上下游的堵点,补齐短板,提高全要素生产率。届时,我国将拥有的全球最完备的工业体系优势转化为数据红利。

(2)经济之"事"

数字经济的不断发展,为社会带来了繁荣。为了确保数字经济健康、快速、持续发展,必须注意并解决一些发展中的问题。

一是加强知识的更新。数字经济的发展,既需要传统产业的背景,也需要智能化的背景,只有将二者紧密融合,才能实现经济的持续发展。多年来,一直提倡各个行业的交叉,各个学科的交叉,如今,数字经济就是行业的交叉与融合。

二是重视知识产权保护。在今后的发展中,应重视知识产权的保护,数字经济发展中研发的成果,也需要把相关知识产权保护列入制度之中,以此加强对相关企业的保护,加强对发明者的保护与尊重。同时,这也有利于我国对外合作的延续与发展。

三是加强数字经济的研究。随着数字经济的发展,新的课题会不断出现。例如,怎样科学、规范地进行数字统计?如何评估数字经济?如何进一步推动数字经济?等等,这些都是需要深入研究的问题。只有作好科学研究,作好预测,才能为经济发展定位提供理论支持，为经济发展提供科学依据。

四是增加新型基础设施建设。在高标准、高起点、严要求的基础上，努力建构以互联网、云计算、人工智能等为代表的高速、移动、安全的新一代信息基础设施建设。尤其是加快构建全球领先、安全可靠的云数据中心平台，加大5G网络和量子通信等创新投入，加快形成网络覆盖领域更大、运行速度更畅通的"人、机、物"互联互用新图景。

五是培养高质量数字人才。通过与知名高校、科研院所等机构联合培养富于"高精尖专"特色的数字经济理论型、应用型、技术型人才队伍，为发展数字经济筑牢坚实的人才支撑。着眼长远，进一步深化制度改革，构筑一揽子人才激励机制，吸引培育更多"数字良才"。

（3）未来之"势"

随着信息网络技术水平的发展，以数字化知识和信息为载体的数字经济在世界范围内迅速"蔓延"，成为全球经济发展的新引擎，尤其是在我国，数字经济更是以不可阻挡之势迅猛发展，这极大地提升了我国在全球数字经济竞争中的话语权和竞争力。

具体而言，数字经济将来会呈现出怎样的发展趋势呢？

一是数字化转型进一步加速。通过数字化转型，各类资源要素可以进行重新配置，而且生产制造会变得更加智能，专业分工会更加精细，经济效益会更加明显。这将是推动传统企业从"以技术为中心"向"以数据为中心"方向加速转型的动能。与此同时，也会促使企业在价值链中重新定位自己，在数字化转型中积极行动。

二是服务化将进一步扩大。随着消费者的需求不断变化，以及竞争对手的

不断涌现，数字经济的产品和服务，更新周期将越来越快。这要求企业以更快的速度对市场做出反应，以最好的办法对服务进行调整。这会给一些数字服务型企业带来更多机会，因为并不是所有企业的数字化转型都要亲自作为，而是可以通过数字企业提供的服务和帮助就能完成。预计在未来的几年中，会有更多的企业选择建设自己的信息平台。

三是贸易性将进一步增强。当前，全球贸易也在向数字化转型，全球已有50%以上的服务贸易实现数字化，超过12%的跨境货物贸易通过数字化实现。可以预测，十几年后，世界贸易将形成货物贸易、服务贸易、数字贸易三分天下的新格局。数字贸易不仅对传统国际贸易规则带来挑战，而且将对全球贸易运行模式带来改变，进而影响各个国家在全球贸易中的地位。

四是规范化将进一步提高。数字经济的迅速发展，会给监管部门带来一些新的挑战。当前，虽然我国的数字经济发展势头良好，但是相关的法律法规还不健全，在这种情况下，平衡好信息保护和数据流动之间的关系，在安全合规的前提下实现数据市场化，是亟待解决的问题。可以预见，我国在数字经济方面的立法会不断加快，以促进和支撑数字经济的健康、持续发展。

毫不夸张地说，数字经济正在改写和加速全球化进程，也在颠覆原有的商业模式和创新范式，如果说第一次全球化是由各国政府推动的，是国家意志的体现，第二次全球化是跨国企业推动的，那么这一轮的全球化，则是由"数据"推动的。与以往不同，特别是一些小企业、年轻人，可以借助数字经济的基础设施和商业模式实现更加普惠、更可持续的发展。

上篇

数字经济是什么？

第二章 / 数字经济顶层设计

在数字中国战略、"新基建"战略和"双循环"新格局的驱动下，数字经济成为加速经济发展与治理模式转型的新动力。未来，只有加快布局数字经济，完善数字经济顶层设计，才能更好地抓住时代红利。

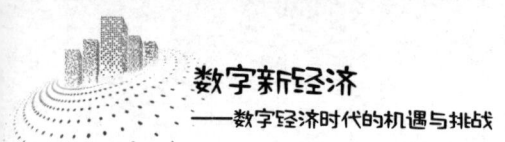

中国数字经济发展回顾与展望

从 20 世纪 90 年代开始,世界悄然掀起了一场数字革命。美国率先抓住机遇,短时间促进了经济的繁荣,紧随其后,欧洲、日本等国家和地区,也积极推进数字革命,并取得了相当的成效。欧美日等发达国家在数字经济方面取得的成绩,也让发展中国家看到了机会。此后,中国充分展现出自己的后发性优势,在短短的 20 多年时间,便缩小了与发达国家的数字鸿沟,并在部分领域开创了"领跑"局面。与此同时,中国为世界展现了一条具有中国特色和中国智慧的网信事业发展之路。

(1)中国数字经济发展回顾

总体来说,中国数字经济发展经历了 3 个主要时期,分别为萌芽期、高速发展期、成熟期。早期,中国数字经济发展得益于人口红利,让我国拥有了庞大的网民数量,这为互联网行业的发展提供了"优质土壤"。2012 年以后,网民增速趋于平缓,随着移动端时代的到来,中国数字经济进入成熟发展期。

上篇 数字经济是什么？

① 萌芽期（1994—2002 年）

1994 年，中国正式接入国际互联网，开启了互联网时代。如今的互联网行业头部企业几乎都是在这一时期诞生的，如三大门户网站——新浪、搜狐、网易，如阿里巴巴、京东等电子商务网站。这一时期，中国的数字经济有一个明显的特点，那就是商业模式、业态单一，增值服务以信息传播和获取为中心。

而且，国内的大部分互联网企业都热衷于模仿国外成功的商业模式，缺少创新，相互之间经常发生流量争夺战。2000 年前后，全球互联网泡沫破灭，国内互联网产业也未能幸免，经历了两三年的低迷期。

② 高速发展期（2003—2012 年）

在短暂的低迷期过后，从 2003 年开始，中国数字经济进入了近 10 年的高速增长期。这一时期，以网络零售为代表的电子商务率先发力，带动数字经济由萌芽期进入新的发展阶段。2003 年上半年，阿里巴巴推出个人电子商务网站"淘宝网"，迫使 eBay 退出中国市场，并逐渐发展成世界最大的 C2C 电子商务平台。2007 年，国家发布《电子商务发展"十一五"规划》，将电子商务服务业确定为国家重要的新兴产业。

这一时期，"博客""微博"等自媒体开始出现。2005 年，"博客"的兴起成为互联网最具革命意义的变化之一，网民得以以个人姿态深度参与到互联网中。同年，腾讯注册用户（QQ 用户）过亿。2009 年，以社交网站为基础的虚拟社区游戏迅速升温，开心网、腾讯开心农场等成为大众时尚。

2012 年，中国网民数量增速下降至 9.92%，结束了近 10 年两位数增长的态势。截至 2012 年年底，中国手机网民规模达到 4.2 亿（根据中国互联网信息中心发布的报告），通过手机上网的网民首次超过台式电脑，表明中国数字

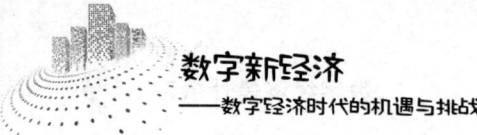

经济发展进入新阶段。

③成熟期（2013年至今）

自手机网民数量规模化以来，互联网行业迎来移动端时代，中国数字经济的基本格局已经形成，并迈入成熟期。在这一时期，数字经济业态呈现出两大特征。

首先，传统行业互联网化。以网络零售为基础，生活服务的各个方面几乎都在向线上转移，如叫外卖、打车，都可以通过相关的手机App实现，甚至洗衣、家政等业务也能够通过互联网解决。

其次，基于互联网的模式创新不断涌现。例如，共享单车等，通过以模式创新为核心的方式，为中国数字经济注入了新的活力。此外，网络直播模式的崛起也具有一定代表性，它在崛起以后很快就成为一种强有力的变现模式。

（2）中国数字经济展望

纵观当前全球数字经济的发展态势，以美国和中国为核心的基本格局已经逐步形成，在互联网行业、人工智能产业等数字经济的重点领域，中美在产业体量、人才集聚、技术创新、影响力等方面均表现出了较强的竞争优势。具体来说，中国数字经济前景良好，但也存在一些挑战。

①局部领跑全球，但也面临挑战

今天，中国在数字经济应用端的模式创新十分活跃，甚至超越美国实现"领跑"。可以想见，未来中国数字经济领域将面临更多来自国际竞争者的压力，美国在技术创新方面的优势依旧明显，德国和日本在智能制造、电子电气等领域的实力也不容小觑，如何依托中国数字经济的良好发展态势，进一步增强自主创新能力，开拓国际市场，是中国未来要面临的重要挑战。

②掌握数字贸易规则话语权

随着中国自主创新能力的逐步增强，中国在全球数字经济产业标准制定中的地位也在日益凸显。在数字贸易规则方面，中国跨境电商近年来发展繁荣，以此为突破口，通过电子世界贸易平台形成巨大的国际贸易流量，提高了中国在国际贸易规则方面的地位，使中国从全球贸易规则的学习者和执行者逐渐转变为国际规则的制定者，尤其是在跨境电商规则方面，中国是整个规则的制定者、推动者和引领者。

③引领全球数字消费新趋势

现在，中国已经成为全球最大的数字消费市场。智慧家居、智慧医疗、智慧养老等将会出现井喷式增长，为中国消费者量身定做的电子新产品将凸显中国特色，并在全球数字消费市场刮起"中国风"。从产品、服务到模式、业态，中国无疑将实现全球数字消费的主市场。

④对社会生活产生深远的影响

各领域的数字化、网络化、智能化，使终端用户得到了极大的便利，同时前端商业模式也被完全颠覆，这些变革引领了当前中国经济形态的转型和升级。在此基础上，由于社会个体成为当前经济转型升级的重要主体，使得数字经济为百姓参与社会治理提供了良好的契机。未来，智慧城市、物联网等新鲜概念将不再遥不可及，更重要的是，数字时代下的社会治理也将步入一个崭新的阶段，征信体系的完善和智能化也将全面改变人们的行为方式。

数字经济引领未来全球经济发展,也是全球竞争的新领域及制高点。截至2021年年底,中国数字经济规模已经达到45.5万亿元,占全国GDP比重达到39.8%。据经合组织预测,到2030年,发达经济体的数字经济将超过自身GDP的62%。这很接近我国对目前数字经济年均增长速度的预期。未来,凭借消费市场优势、BAT引领的数字经济先发优势、强大的制造业基础、不可估量的数字经济溢出潜力,中国数字经济发展将向世人展现出一幅宏阔的发展图景。

数字经济政策的三个发展阶段

我们的数字经济政策伴随着数字经济的发展不断发展、完善。最早,有关数字经济政策主要集中于信息化建设和电子商务发展领域,自2015年习近平总书记第一次在世界范围内对数字经济发展发表重要论述开始,数字经济开始逐步上升到国家战略层面,这一阶段的数字经济政策内容以产业规划和指导意见为主,并形成了较为明确的产业发展方向和发展目标,由此,我国也进入了数字经济发展新阶段。

具体来说,数字经济相关政策的发展大致经历了三个阶段的演变历程。

(1)信息化建设起步阶段

互联网刚刚进入中国时,相关的政策主要集中在信息化建设方面,包括对移动通信网络、空间信息基础设施、软件产业等信息化基础设施、服务和行业的构建与扶持等。

例如：

1999年1月，国务院办公厅转发信息产业部、国家计委的《关于加快移动通信产业发展若干意见的通知》；

2001年7月，国务院办公厅转发国家计委等部门的《关于促进我国国家空间信息基础设施建设和应用若干意见的通知》；

2002年9月，国务院办公厅转发国务院信息化工作办公室《关于振兴软件产业行动纲领的通知》。

（2）电子商务发展与信息化建设深入阶段

伴随着互联网产业的蓬勃发展，信息化建设进入新阶段，在深入完善基础设施的基础上，国家在信息资源共享和政府信息公开方面均做出了重要规划。

例如：

2005年3月，国务院办公厅《关于加快电子商务发展的若干意见》；

2006年4月，《国务院关于同意建立全国文化信息资源共享工程部际联席会议制度的批复》；

2007年4月，《中华人民共和国政府信息公开条例》；

2012年7月，《国务院关于印发"十二五"国家战略性新兴产业规划的通知》；

2013年5月，《国家发展改革委关于加强和完善国家电子政务工程建设管理的意见》。

（3）数字经济发展新阶段

在数字经济上升为国家战略高度后，出台的政策以产业规划和指导意见为主，这一阶段的相关政策明确了产业发展方向和发展目标，与此同时，"数字化转型"也正式被提出来,并写入了五年规划。

例如:

2014年3月,"大数据"首次写入2014年《政府工作报告》;

2015年7月,《国务院关于积极推进"互联网+"行动的指导意见》;

2015年8月,《促进大数据发展行动纲领》;

2015年12月,习近平总书记在第二届世界互联网大会上发表主旨演讲,指出中国将推进"数字中国"建设;

2016年5月,《国务院关于深化制造业与互联网融合发展指导意见》;

2016年9月,《国务院关于加快推进"互联网+政务服务"工作的指导意见》;

2016年11月,《国务院关于印发"十三五"国家战略性新兴产业发展规划的通知》;

2016年12月,《两部门关于印发智能制造发展规划(2016—2020年)的通知》;

2016年12月,《国务院关于印发"十三五"国家信息化规划的通知》;

2017年1月,《工业和信息化部关于印发大数据产业发展规划(2016—2020年)的通知》;

2017年3月,2017年《政府工作报告》首次写入"数字经济";

2019年3月,2018年《政府工作报告》提及"壮大数字经济";

2020年3月,工业和信息化部办公厅《关于推动工业互联网加快发展的通知》;

2020年3月,工业和信息化部办公厅关于印发《中小企业数字化赋能专项

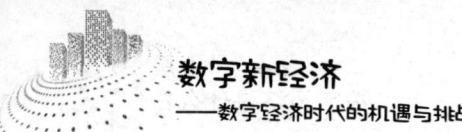

行动方案》的通知；

2020年3月，《关于构建更加完善的要素市场化配置体制机制的意见》。

总之，中国数字经济政策在早期以信息化建设和鼓励电子商务发展为主，从2015年开始，相关政策的出台开始变得密集，以《国务院关于积极推进"互联网+"行动的指导意见》为关键节点，国家层面和各地均出台了一系列配套政策，目的在于促进数字经济相关产业发展，同时鼓励企业"走出去"，在国际市场上率先建立数字经济规则。就政策内容来说，以产业规划和指导意见为主，形成了较为明确的产业发展方向和发展目标。

2017年以来，"数字经济"已经连续四年被写入《政府工作报告》，2020年《政府工作报告》中明确提出"要继续出台支持政策，全面推进'互联网+'，打造数字经济新优势"。

综合分析当前数字经济及政策发展的特征和问题，数字经济政策引导及监管治理将会对数字经济发展起到非常重要的作用。

工信部的大数据战略

进入大数据时代，世界各国都把推进大数据发展与应用作为实现创新发展，提升竞争实力，抢占新一轮发展主动权的重要战略。随着我国大数据战略的稳定推进，数字经济的加速发展及大数据应用能力的不断提升，数据总量呈现爆发式增长，价值不断得到挖掘、释放，数字资源已经成为不可或缺的基础性、战略性和关键的生产要素。发展大数据产业对促进经济社会发展质量变革、效率变革、动力变革意义重大。

我国高度重视大数据在经济社会发展中的作用，提出实施国家大数据战略，与此同时工信部也在积极开展"十四五"大数据产业规划的编制工作。下一步大数据，尤其是通信大数据将如何发展？

（1）持续完善顶层设计

为了加强贯彻落实《促进大数据发展行动纲要》《大数据产业发展规划（2016—2020年）》及相关政策，我国已经设置了省级大数据管理机构，30多个省市制定实施了大数据相关政策文件，多层次协同推进机制基本形成。

（2）推动产业集聚发展

统筹大数据产业集聚区和国家新型工业化大数据产业示范基地建设，进一步优化网络基础设施建设和数据中心区域布局，夯实大数据产业发展基础，培育一批大数据龙头企业和创新型中小企业。

（3）强化技术产品创新

持续开展大数据产业发展试点示范，促进大数据存储管理、分析挖掘、安全保障等领域的关键技术研发和产业化。突破大数据共性关键技术，推动产品和解决方案研发及产业化。

（4）深化行业融合应用

利用大数据改造提升传统产业，特别是促进工业互联网、工业大数据、工业云协同发展，推动制造业数字化、网络化、智能化转型。发挥我国市场规模大、应用需求旺的优势，加快大数据技术产品在各行业、各领域的应用，形成供需对接良性互动的产业发展格局。

（5）优化产业发展环境

工业和信息化部将会同相关部委，进一步推进相关的法律制度建设，加快大数据标准体系建设，提升安全保障能力，营造产业发展生态，加强人才培养，推进国际开放合作。

（6）切实保障数据安全

完善数据安全保障体系，强化大数据安全顶层设计和政策法规建设，推进数据分级分类管理，开展大数据安全评估，引导建设威胁态势感知平台，推动数据安全产业发展，促进大数据技术在基础设施安全防护中的应用。

在这些大数据战略的引领下，行业集聚示范效应显著增强。例如，现已建设了贵州、京津冀等8个国家大数据综合示范区，以及5个国家大数据新型工业化示范基地，区域布局持续优化。另外，技术创新取得突破，国内的一些企业已经具备了自主开发建设和运维超大规模大数据平台的能力，一批大数据以及智慧城市方面的"独角兽"企业快速崛起，大数据领域的专利申请数量每年都在增加。再者，行业运用逐渐深入，各地积极组织大数据产品和应用的解决方案的案例集，以及优秀解决方案的遴选等工作，并积极组织开展大数据产业发展试点和示范项目活动，加快大数据和实体经济深度融合。

可见预见，随着"十四五"大数据产业规划的落地，工信部将会加强数据治理，积极推动出台电信和互联网网络数据管理政策和安全标准，持续优化大数据发展环境，扎实推进国家大数据发展战略。

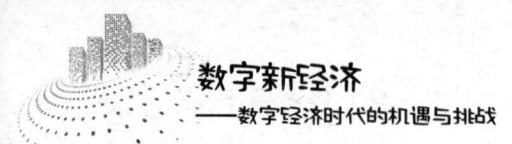

数字经济国家战略,关键在于企业

很多人会问,发展数字经济的重点、难点在哪里?在企业,确切地说,在企业的数字化转型。2021年3月,国家制定的《"十四五"规划和2035年远景目标纲要》,提出要"以数字化转型整体驱动生产方式、生活方式和治理方式变革"。企业数字化转型是发展数字经济的关键。

2020年新冠肺炎疫情迫使我国加快了企业数字化转型。现在的新工业革命正在由技术范式的转变驱动、引发产业变革,这次产业变革的过程就是产业数字化,数字产业化,各行各业用新技术来赋能,直到最后实现由万物互联到万物智能的一种新经济业态。

当然,我们企业数字化转型还处于初级阶段,转型的效果并不是很理想,据腾讯社会研究中心与中科院战略研究院共同发布的《企业数字化转型路径报告》显示,当前只有16%的企业认为自己数字化转型取得成功,而40%的企业认为自己仅仅取得了初步成效,企业对数字化转型表示非常满意以及比较满意的仅占32%,而选择现在判断为时过早,以及不满意的占比为48%。

由此可见，要实现数字经济国家战略，企业是关键。企业该如何实现数字化转型呢？解决的关键是要借助产业互联网之力，做到"三化"，以切实解决企业数字化转型中面临的各种现实问题。

(1) 线上化

简单来说，就是将线下的流程搬到线上，让所有人工的行政指令由有纸化的流程变成无纸化的系统流程。近些年，"无纸化"开始在各个领域普及。比如，移动支付为城市出行"无纸化"提供可能，从过去的月票、纸质公交车票，到后来的市政交通一卡通，再到如今城市出行只需要带一部手机即可。

再比如，铁路部门也开始试推行"无纸化"模式。随着一张张纸质票据变成一个个二维码，人们的生活因互联网而更加美好。

(2) 信息化

企业要应用软件进行模块细分，把流程标准化，用一个软件服务来产生信息、产生节点和产生判断。1963年，梅棹忠夫在题为《论信息产业》的文章中，提出"信息化是指通信现代化、计算机化和行为合理化的总称"，其中行为合理化是指人类按公认的合理准则与规范行事；通信现代化是指社会活动中的信息交流基于现代通信技术基础上进行的过程；计算机化是社会组织和组织间信息的产生、存储、处理、传递等广泛采用先进计算机技术和设备管理的过程，其中现代通信技术是在计算机控制与管理下实现的。

所以，企业计算机化的程度也可以被视为衡量其是否进入信息化的一个重要标志。

(3) 数字化

如何理解这里的数字化？简单来说，就是先横向打通不同的系统，然后产生可标注的数字,以及产生过程中的决定等,如此一来,就会产生丰富的数据。在得到大量数据后,透过算法才能有数字化、智能化的过程。

当然"数字化",也不只是将业务流程搬到网上,而是把企业内的所有业务场景,进行深度的、全面的数字化。例如,数字化的内容能完全跟现实一模一样,就像虚拟的双胞胎一样,数字化达到了这个境界,就叫作"数字孪生"。举个例子,车间里的一台数控机床被创建了一个数字孪生,那么本体的所有任务、状态和数据都会通过相关的传感器被收集起来,最终同步到数字孪生体上。

在数字化过程中,数据团队正逐渐变成一个专业、独立的部门,未来数据部门的肩上要扛起包括保证数据质量、管理数据架构、提供平台与工具等在内的各种数据相关的职责,来支持各方对数据的使用,形成企业的数据资产。

(4)智能化

智能化也叫智慧化。智能化背后的含义,就是无人化,通过线上化、信息化和数字化,让系统掌控数字世界的一切,并随时把指令同步下发给物理设备来执行,通过这些工作系统,机器就可以自主完成工作,从而不再需要人工。

大数据的积累为人工智能发展提供了燃料。例如,阿尔法狗,自动驾驶,翻译,人脸、语音识别都是靠海量数据训练出来的结果,它们靠的是强相关性而非因果性。

站在新旧两个时代切换的地平线上,很多企业整装待发,在拥抱数字化转型所带来机遇的同时,也将面对前述的诸多挑战。或许有些企业已经先行一步,在数字化转型的各个领域上进行艰苦而勇敢的尝试,但对于绝大多数企业来说,

在数字化转型过程中,要面临的是一片陌生且充满未知的领域。即便如此,也要进行数字化转型,唯有加速数字化转型,才能紧紧抓住工业互联网、大数据、人工智能等新技术机遇,加快传统产业转型升级,发展新产业、新业态、新模式。

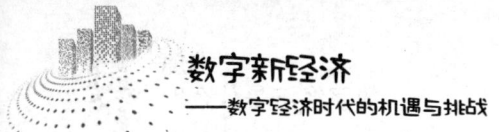

数字经济创新发展试验区建设

为了系统性探索如何做强数字产业，构建数字经济发展的浓厚氛围，加速实体经济数字化转型，并构建更加适应数字生产力进步的生产关系，以适应平台经济、共享经济等新业态发展要求的管理制度，近几年，国家大力推进数字经济创新发展试验区建设。

2019年10月20日，在第六届世界互联网大会期间，国家发展改革委和中央网信办组织召开了数字经济创新发展试验区启动会，并联合发布了《国家数字经济创新发展试验区实施方案》。同时，河北省（雄安新区）、浙江省、福建省、广东省、重庆市、四川省6个"国家数字经济创新发展试验区"授牌，正式启动试验区建设工作。

与传统意义上经济开发区不同，国家数字经济创新发展试验区的特点可以用4个"新"来概括。

一是激活新要素，探索数据生产要素高效配置机制。针对政务数据共享开放程度低、政企数据流动不充分等问题，加大政务数据共享开放力度，建立政

府和企业间数据流通道，探索数据高效安全流通和应用的政策制度、机制化流程，完善政、产、学、研、用协同创新机制，突破一批关键技术创新成果。

二是培育新动能，推进数字产业化和产业数字化，壮大数字经济规模，促进互联网、大数据、人工智能与实体经济的深度融合。针对传统产业数字化转型速度慢、质量低，尤其是制造业中小企业"不想转、不敢转、不会转"等问题，探索产业数字化和数字产业化共性支撑平台，降低企业转型门槛，缩短转型周期，打造新型实体经济形态，培育发展新动能。

三是探索新治理，建设数字政府和新型智慧城市。构建数字经济新型生产关系，需要解决好传统治理、监管模式不能满足数字经济发展新形势、新要求的问题，加快政府数字化转型，探索多元参与的协同治理体系，包容审慎发展平台经济、共享经济新业态。积极参与国际规则和标准制定，服务一批数字经济企业"走出去"。

四是建设新设施，不断加大新型基础建设。为了解决部分传统产业和农村地区网络化程度低、数据中心等设施资源共享程度低等问题，需系统性布局宽带、移动互联网、数据中心以及电子证照、电子档案等平台设施建设，打造数字经济新型基础设施。

在短期内，试验区建设的目标是，构建形成与数字经济发展相适应的政策体系和制度环境，数字产业化和产业数字化取得一定的成效，解决一些体制机制障碍，培育一批数字经济龙头企业，突破一批关键核心技术，打造一批特色优势产业，形成一批创新示范高地，总结一批创新发展经验。长期来看，随着数字经济规模不断增长，产业数字化渗透率持续深化，区域数字经济国际化水平稳步提升，示范引领和辐射带动作用日益凸显。

那如何打造实验区呢?

总的来说,需在整合各方面资源的基础上,加大协调力度,然后务实高效地一步步推进。具体来说,就是做好3项工作。

首先,充分发挥各试验区建设主体作用。《国家数字经济创新发展试验区实施方案》要求,试验区要建立健全省级层面统筹协调和工作推进机制。结合试验重点及本地区已有基础、优势条件,研究制订建设工作方案,细化完善任务清单、成果清单和分年度目标。

其次,要加大政策协同和支持力度。国家发展改革委、中央网信办会同有关部门,加强对试验区建设指导,推进一批政策试点、设施试点、应用试点、专项工程等优先在试验区域落地。

最后,构建综合创新试验载体。以产业互联网平台、公共性服务平台等作为产业数字化的主要载体,以数字产业园和集聚区作为数字产业化载体,以数字政府和智慧城市建设作为协同治理和新业态发展载体,强化政府引导,促进产业融合,推动多元共治。

案例:广州市建设国家数字经济创新发展试验区实施方案(简化)

一、总体要求

二、试验目标

三、重点任务

(一)加快数字新型基础设施建设

1. 建设高速万物智联网络。

2. 布局先进算力基础设施。

3. 加快传统基础设施"智慧+"升级改造。

（二）促进创新要素安全高效流通

1. 推动数据资源开发利用。

2. 建立数据要素高效流通体系。

3. 推动数字贸易快速发展。

4. 深化数字科技和产业国际合作。

（三）完善数字经济创新体系建设

1. 构建高水平战略创新体系。

2. 加强重点领域核心技术攻关。

3. 加快重大载体建设和试点示范。

4. 推进新技术跨界融合与模式创新。

（四）提升数字经济核心产业优势

1. 推动软件和信息服务业发展壮大。

2. 加强电子信息制造业发展优势。

3. 推动数字创意产业集群化发展。

（五）加速重点领域产业数字化转型

1. 深入推进智能制造发展。

2. 加快智能汽车应用示范。

3. 探索智慧金融创新发展。

4. 做大做强数字会展产业。

5. 推动数字农业升级发展。

（六）加强数字化公共服务供给

1. 加快数字政府迭代升级。

2. 筑牢智慧城市数字底座。

3. 提升智慧医疗服务成效。

4. 提高智慧教育应用能力。

这个方案的发布是对试验区建设工作进行全面部署安排。这无疑是为国家数字经济创新发展试验区建设行稳致远，画好了路线图，画出了重点。

除了广州，其他一些省市也相继发布了各自的实验区实施方案。例如，四川在创建国家数字经济创新发展试验区的方案中提出"五个"重点：突出重点区域；突出重点产业；突出重点企业；突出重点载体；突出重点开放合作。并且明确了"小目标"：力争到2022年，全省数字经济规模超过2万亿元，占GDP比重达到40%。

福建则紧紧围绕"数字丝路"、智慧海洋、卫星应用等方面组织开展区域特色试验。例如，福州滨海新城依托东南大数据产业园，重点发展大数据、物联网、云计算、虚拟现实和人工智能等数字经济产业，着力打造国家大数据产业集聚区、"数字中国"应用示范区、国家东南区域大数据中心、国家大数据应用创新基地。

如今，各地数字经济创新发展试验区方案纷纷落地，并取得了丰硕的成果，其成功的经验与一些特色化的做法正在逐渐推向全国，形成了一种辐射带动效应。

上篇 数字经济是什么？

第三章　数字经济中的暗礁

数字经济不但促进了实体经济转型升级，还改善了民生，增进了社会福祉，人们在享受数字经济利好的同时，也在遭受它所带来的"双重技能"挑战——数字技能和专业技能。这要求人们要有较高的数字素养，除了要能够正确地运用信息和数字化产品、服务，还要能够正确认识数字经济，避免成为数字经济时代的"新文盲"。

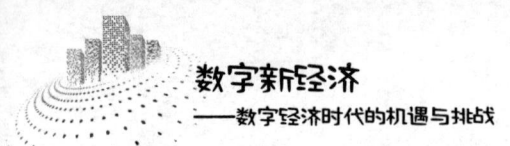

数字经济时代的大数据

在数字经济时代,我们的生活处处离不开大数据。举几个简单的例子,通过对明星粉丝的数量、年龄等分析,可以预测出其主演的影视剧的受喜爱程度,通过智能产品的点击数量和浏览量,可以推测用户的个性偏好,进而向其推荐其喜爱的产品。再比如,医疗行业可以通过用户的身体情况和大量病例数据,分析提高医疗行业对疾病的监控力度,并且进行有效检测,降低用户的患病率。

既然大数据如此神通广大,那我们对它有多少了解呢?

首先,要清楚,数据不等于信息。经常有人把数据视为信息,其实不然,数据指的是一个原始的数据点,信息则直接与内容对应,需要有资讯性。数据越多,不一定就能代表信息越多,更不能代表信息就会成比例增多。比如备份,很多人如今已经会定期对自己的硬盘进行备份,每次备份都会创造出一组新的数据,但信息并没有增多。

其次,信息不等于智慧。现在我们去除了数据中所有重复的部分,也整合了内容类似的数据,剩下的对于我们来说全是信息,但这些信息对我们来说,

也未必有用。信息转化成智慧,至少要满足以下几个标准。

一是可破译性。这可能是个大数据时代特有的问题,越来越多的企业每天都会生产出大量的数据,却没想好怎么用,所以,他们就将这些数据暂时非结构化地存储起来。这些非结构化的数据不一定可破译。

二是关联性。无关的信息,充其量也只是噪声。

三是新颖性。这里讲的新颖性,很多时候无法只根据手上的数据和信息进行判断,经常需要我们在处理了大量的数据和信息以后,才能判断它们的新颖性。

所以说,"大数据",并不是因为其容量大,占用存储空间大,而在于质量,通俗地说就是有用。有用的数据才能称得上大数据,有用就包括规模、质量等各种综合属性。大数据的意义在于"用数据说话可靠",正如美国著名管理学家爱德华·戴明所言:"我们信靠上帝,除了上帝,任何人都必须用数据来说话。"

在数字经济时代,研究发展大数据技术、运用大数据推动经济发展、完善社会治理、提升政府服务和监管能力正成为趋势。具体来说,大数据对数字经济的价值与意义体现在以下几个方面。

(1)数据已成为新的生产要素

什么是生产要素?它是一个经济学的范畴,指的是生产经营中所需要的各种社会资源。在不同的时代、不同的生产力条件下,生产要素所包含的内容有很大不同。

在早期的农业社会,生产的投入主要是土地和劳动力,因此这两者就是最重要的生产要素。英国古典政治经济学之父威廉·配第说的"土地是财富之母,

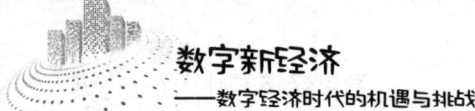

劳动是财富之父",就是这个道理。随着第一次工业革命的进行和资本主义的发展,资本在经济发展过程中的作用越来越大,所以以亚当·斯密为代表的古典经济学家开始主张将资本也纳入生产要素的范畴中来。

19世纪末,第二次工业革命即将结束,社会生产力有了较大的提升,经济活动逐步走向了规模化、组织化,此时组织本身就成为生产的关键。这时,马歇尔在其《经济学原理》中,就把组织列为了和土地、劳动、资本并列的第四种生产要素。此后,随着生产力的进步和生产方式的改变,技术、信息的作用逐渐开始被人认识,因此它们也逐步被人们认为是生产要素。

如今,我们步入了数字经济时代,数据在经济活动中的作用越来越凸显,它不仅能够帮助人们更好地组织和规划生产经营,更能有效地进行判断和预测。所有这些,都能够为社会创造出巨大的财富。

(2) 大数据助推制造业转型升级

企业的数字化转型离不开大数据。今天,我们在制造业中应用了大量传感器,使得一些企业在设备管理、资源管理、运维管理、故障管理等环节产生了很多数据,我们要想把这些数据分析应用起来就离不开大数据的帮助。大数据与人工智能、移动互联网、云计算以及物联网等技术协同发展,并将深度融合到实体经济中,成为数字经济时代的新引擎。大数据将驱动制造业转型升级,提升生产效率,改进产品质量,节约资源消耗,保障生产安全,优化销售服务。

(3) 大数据将成为最有价值的资产

早在1980年,著名未来学家阿尔文·托夫勒在其所著的《第三次浪潮》中,就提出了"数据就是财富"的观点,并将大数据比喻为"第三次浪潮的多彩音乐"。

随着信息技术的迅速发展,越来越多的公司开始将数据作为一种资产来管

理,而不是仅仅把它当作"资源"来对待。也就是说,与其他类型的资产一样,数据也具有财务价值,且需要作为独立实体进行组织与管理。

如果把数据比作土壤,那万物都须生长在数据之上,从这个意义上说,数字经济、各种新应用、新态势都是以数据作支撑。所以,有人说大数据就是21世纪的黄金和石油,谁掌握了数据谁就掌握了未来发展的主动权,甚至有人认为,以数据为核心的第四次工业革命是全球经济复苏发展的必由之路。姑且不论这种说法是否恰当,但有一点可以肯定的是:随着数字经济的发展,大数据将重塑传统产业结构和形态,催生众多新产业、新业态、新模式,并将深刻地改变人类的生产生活方式。

关于比特币的错误认识

比特币，人们早已耳熟能详，尤其是那个"一个程序员用一万比特币换取两个比萨"的故事，更是为人们所津津乐道。的确，说起比特币，总是或多或少地被人们赋予神秘的色彩，或者让人联想到一夜暴富的财富神话。

究竟什么是比特币，它又是如何诞生的呢？

比特币，严格地说，不是传统意义上的币种，而是一种完全数字化的货币，有点像互联网中的现金。2009年金融危机期间，全球各国政府疯狂印钞，以求度过这次危机。这时候，在美国有个叫中本聪的神秘IT天才，对美国政府肆意印刷美元极其不满，因为美国疯狂印钞就是在从全球百姓手中抢钱，于是他在网络上发布了比特币白皮书，他在白皮书中表示，比特币是一种点对点的电子现金系统。比特币的获取方法是，利用计算机的算力，计算到一定程度就会获得一段数据，这段数据就是比特币，其总共2100万枚，每挖出一批，计算难度就会增加一倍。它刚出现的时候一台普通电脑一天可以挖几十枚。

从此，比特币就像打开的潘多拉魔盒，开始让大众对其既好奇又惊恐，好奇的是这么一串数字,抓不住摸不到,价值居然翻着往上涨?惊恐的是这会是一个郁金香泡沫吗?这是一个庞氏骗局吗?为什么比特币能够引起全球所有央行的关注与讨论?

当然,更多的人是在比特币价格大涨之后才认识它的。对于比特币,有些人认为,它运用了区块链技术,价值只会越来越高,而有人认为,这纯属炒作,终究是一场骗局。

那我们该如何正确看待比特币呢?回答这个问题的关键首先是要纠正一些错误认识。通常,人们对比特币存在以下几种错误认识。

(1)比特币可以抗通胀

很多人对比特币可以抗通胀深信不疑,而且认为比特币是通缩货币。更有甚者,称"通货紧缩是比特币的天然特质"。先让我们来了解一下什么是通货紧缩,通货紧缩是指市场上流通的货币量少于商品流通中所需要的货币量,从而引起的货币升值、物价普遍持续下跌的状况。

我们都知道,比特币的上限是2100万。第一个四年比特币是每10分钟50枚的挖出总量,一年理论新增量是262.8万;第二个四年是每10分钟25枚的挖出总量,一年理论新增量是131.4万。可见,比特币的理论数量是每年递增的,由于挖矿机制的限制,比特币总量永远不可能达到2100万,即便减半,总量还是不断增加,这与通货紧缩是矛盾的。除此之外,通货紧缩还强调货币与物价、购买力的关系,在不少国家和地区,比特币连货币都不算,也不存在与物价以及购买力的相关关系,所以也就谈不上通缩。

也有一种说法,认为比特币的总量是恒定的,不会超过2100万,所以不会有通胀。对比法币,国家或者央行或者美联储,可以决定货币的发行总量。

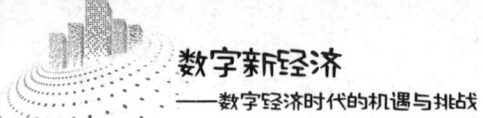

通常，法币总是超发的，大多数国家，M2 的总量一直在增加。因此，有了这样一个说法，法币通胀，比特币不通胀，并得出了一个结论。比特币会持续升值。

如果只从数学的角度理解，这似乎没有问题，但是从经济学的角度理解，这里的"通胀"明显被偷换了概念。

再就是，将比特币当作货币，或者认为比特币是最好的货币选择，然后拿法币大幅贬值作为支撑比特币的依据，这种逻辑也是站不住脚的。

（2）比特币可充当货币

很多人都有一个疑问：央行承认比特币吗？如果比特币得不到央行的承认，自然也就谈不上数字货币的地位了。目前，我国央行不承认比特币的数字货币地位，其余国家在对待比特币的态度上也是基本一致的。比特币作为一种虚拟货币投资项目，在国内交易是不具备合法性的，其主要原因是比特币的自由性，无法对比特币进行完全的监管，它还具备能为非法集资、传销等违法犯罪行为提供便利的特点，所以我国央行的态度是不承认比特币。

我国政府及中国人民银行等金融部门发布过《关于防范代币发行融资风险的公告》和《关于防范比特币风险通知》，这两个文件主要的目的是：金融行业和支付机构不能参与比特币交易的所有业务，且在金融机构工作人员不能参与任何比特币交易。从中可以看出，央行清楚明白地否认了比特币的合法性。

比特币作为一种数字虚拟物品，无法完成货币职能。一个物品要作为货币，它要具备以下几个典型的职能。

价值尺度，即衡量和表现商品价值，这是货币的最基本、最重要的职能，它是作为流通手段职能的前提。

流通手段，即充当商品交换的媒介，它是价值尺度职能的进一步发展。

储藏手段,即货币可以退出流通领域充当独立的价值形式和社会财富的一般代表而储存起来。

支付手段,即作为独立的价值形式进行单方面运动,如清偿债务、缴纳税款、支付工资和租金等。

世界货币,即在世界市场上执行一般等价物的职能。

再来看比特币,它没有稳定的价值锚,现在所有的估价都是基于交易价值,基于法币的价值。再如,用比特币做交易,效率非常低下,由于区块记账以及全网共识特性,每秒只能完成个位数的交易确认,有时交易一次需要数十个小时才能完成。再者,其价格波动太大,几乎一天一个价。凡此种种,都说明比特币不具有充当货币的属性或职能。正如中国人民银行参事、调查统计司原司长盛松成所说,"比特币等数字货币不是真正的货币,因为真正意义上的货币必须能够满足货币的最基本条件,但是比特币满足不了。"

(3)比特币等同于黄金

比特币与黄金有一些相似的地方,如总量恒定,黄金每年的产出和其总量相比是微乎其微的,但不能因此说,比特币就是黄金。黄金具有不可磨灭性,即黄金是非常稳定的贵金属,再就是它具备价值共识,全球范围内,无论个人、政府、机构,大家都基本接受黄金的价值,而比特币只是逻辑上有价值。

其次,比特币并不是完全不可以被复制。比特币的先发优势,仅10多年,后面就有若干的货币在追逐,如以太坊、EOS,等等。

所以,比特币就是黄金,这只能是一个悖论。黄金之所以是黄金,与其说是其本身的属性,不如说是优胜劣汰,甚至带有偶然性的人类社会发展的概率事件。今天的比特币和任何虚拟币都不是黄金。比特币作为新技术的产物有着

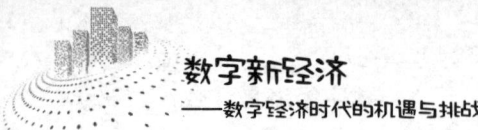

它天然的技术优势，而黄金作为长期以来的价值共识，在估值波动率上，有着它长久积累的广泛群众共识优势。

（4）比特币的使用是匿名的

比特币的创始人中本聪声称，比特币能保护使用者的隐私，因为大多数比特币软件会为每次的交易者制造一个独特的假名，甚至连维基解密（一个大型文档泄露及分析网站）也鼓励赞助者用比特币捐款，因为它的匿名特性，外人无法轻易掌握捐助者的身份。

其实不然，大多数用户在购买或出售比特币时，都会留下书面记录，而且很多交易服务都要记录使用者的身份。所以说，如果相关机构真的要追查，还是有迹可循的。

所以，关于比特币还需理性看待，不要被事物的外表所迷惑。当然，作为新生事物，虽然比特币有很大投机属性，但并不一定说明它就是一个骗局，那它究竟是改写历史的壮举，还是昙花一现的泡沫，这些就交给时间去验证吧。

关于数字货币的认知误区

货币是人类文明史上极为重要的角色,是市场等价物,也就是我们常说的"钱",我国是世界上最早使用货币的国家之一,使用货币的历史长达五千年之久。人类的货币在形成和发展的过程中,先后经历了5次重大的演变及发展阶段。

实物货币阶段:远古时期,人们进行物物交换,像粮食、布匹、毛皮、陶瓷器、家畜、贝壳等都曾被用来充当货币。

金属货币阶段:金、银、铜、铁等都做过货币,其形态各异。

纸币阶段:最早起源于中国,一直使用至今。

货币支付阶段:银行卡、支付宝、微信零钱是其中最典型的代表。

数字货币阶段:这是货币发展的第五个阶段,它基于公共区块链和计算机加密运算等技术,依托互联网由网民自行开发并发行。

目前,数字货币尚没有非常准确的统一定义。有些专家给出的定义是:数字货币是电子货币形式的替代货币。《时代金融》2016年第24期《数字货币

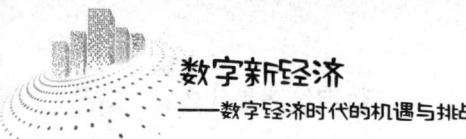

的相关问题分析》中提到：国际金融行动特别工作组将数字货币定义为通过数据交易发挥交易媒介、记账单位及价值储存的功能，是一种价值的数据表现形式。

国际货币基金组织认为，数字货币是价值的数字化表示，但并不是任何国家和地区的法定货币。没有政府当局为它提供担保，它只能通过使用者间的协议来发挥上述功能。

对于数字货币，我们容易陷入哪些误区呢？

（1）数字社区决定数字货币需求

数字货币是数字经济的产物，是为满足数字经济需要而发生、发展的。这个道理看似简单，却经常被扭曲，被认为是"数字网络社区的产物，并为其服务"。这样一来，将社区活动等同于经济活动，将数字社区本身等同于数字经济。按这个逻辑，社区不论大小，都可以发行数字货币，即使没有社区，也可以通过新设社区来发币，如果引申开来，那岂不是人人都可以发行货币？

要知道，常见的数字社区，有社交平台、购物平台，还有一些服务平台，且各数字社区相对独立，故各社区数字货币也难以在不同的平台流通，更谈不上成为数字通货了。所以，即便某社区币实现了跨国流通，但是，依然难以实现跨社区流通，例如在游戏中充的各种币。真正的数字货币是"数字通货"，它不会受到社区的局限。

（2）数字技术决定数字货币供给

有人认为，只要发币的数字技术足够"先进"，就可以建社区，发货币，至于数字经济之有无、大小，成熟与否，就显得无关紧要了。这种观点是错误的。这种观点的逻辑是：没有数字技术不能解决的理论问题，更没有数字技术不能完成的实践任务，只要数字技术到位了，数字经济就会遍地开花。

按这种逻辑，数字技术是主导乃至决定数字货币、数字经济的根本力量。如此下去，技术语言便开始替代货币语言，技术逻辑也开始无视货币逻辑。要知道，数千年来，不管经济衰败，还是繁盛，经济社会出于本身的现实需求，总是能够找到与其相适应的通货形态及其制度性安排。脱离或超出现实需求的外部设计，不论其货币构思多么精妙，终会归于失败。

货币史上的种种变革一再说明，经济需求才是第一位的，供给是第二位，而技术是服务于供给的。这也正是纸币晚于造纸术近千年的原因所在。这个逻辑同样适合于今天的数字技术与数字货币之间的关系。

（3）数字资产等同于数字货币

数字资产究竟是不是数字货币，它们之间有怎样的关系？社区币是社区性数字资产，跨区上市交易后，成为一般性的数字资产，于是，其被视为是可交易的"数字货币"，但实质呢，仍然是数字资产，并不能等同于数字货币。原因有以下四方面。

首先，数字资产无法满足数字货币的需求，两者之间没有实质的交集。

其次，数字资产的价量不稳定是常态，不可以充当计价货币或记账货币，且其流动性较差，不能充当支付工具。

再次，数字资产发行方，在财务流程和监管方面，无法扮演央行一样的角色，实现价量稳定。

最后，若数字资产完全背离中央银行模式，用区块链技术来推行其数字货币形态，那就意味着，数字货币发行是单向的，即发行完成，发行方便退出，故不能实现货币的回收。只发行售出，不回收，这是资产，不是货币。

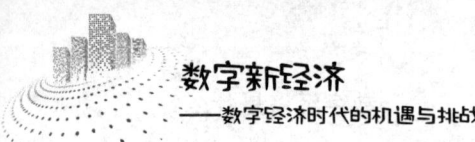

（4）数字外汇意味着全球货币统一

通过数字技术实现各国主权货币的国际汇兑，这并不是什么难题，但是，这样做容易产生两个风险：一是法律风险及其延伸而来的财务风险，将各主权货币纳入一个统一的、非银行的数字化国际兑换体系后，局部合规风险所产生的结构性冲击也将是难以抵御的；二是如果国际数字化汇兑体系非常成功，将会导致大量银行汇兑活动转向数字汇兑体系，这会加剧数字汇兑与银行汇兑两大体系之间的摩擦与冲突。

所以说，数字外汇并不意味着全球货币统一。更何况，经济全球化正经受严峻挑战。这时，以国际汇兑数字化驱动外汇数字化，寻求建立全球单一数字货币体系，是完全脱离实际的。

关于数字人民币的认识

近两年,我国数字人民币的发展驶入快车道。2020年4月,央行宣布在深圳、苏州、北京、成都进行数字人民币试点,之后试点范围不断扩容。进入2021年,更多地方的商业银行开始接入数字人民币互联互通平台,试点场景覆盖至生活缴费、餐饮服务、交通出行、购物消费等多个领域。

可以说,数字人民币正在加速向我们走来,并且在开始成为人们争先谈论的流行名词时,仍有不少人感到不解:数字人民币到底是什么?它与我们存在银行卡里的钱有什么区别?为何要推出?如何使用?它与微信支付的差别究竟是什么?它是央行版的"支付宝"吗……很多人对这些问题都不是很了解。

数字人民币(Digital Currency Electronic Payment,缩写为DC/EP)的官方定义是:人民银行发行的数字形式的法定货币。它是由中国人民银行发行,由指定运营机构参与运营并面向公众兑换,以广义账户体系为基础,与纸钞和硬币等价,并具有价值特征和法偿性的可控匿名的支付工具。数字人民币并非一种新的货币,而是电子版人民币,功能属性与纸币相同,可以被视为纸币的

数字化形态。

简单理解,数字人民币就是我们现在所用的人民币的电子版本,从使用场景上看,数字人民币不计付利息,用于小额、零售、高频的业务场景,相比于纸币,没有任何差别,同时,使用时应遵循现行的关于现钞管理和反洗钱的规定。

数字人民币是一个新生的事物,由于缺少实际的应用体验,所以大多数人对它的认识还只停留在概念阶段,认知比较抽象,甚至会与其他一些相近的概念等混淆,进而陷入一种认知误区。

常见的误区主要有以下几个。

(1) 数字人民币也是一种虚拟货币

其实,数字人民币和虚拟货币的区别还是非常明显的。首先,数字人民币是由中国人民银行发行的数字形式的法定货币,由央行用信用担保,属于国家主权货币;而虚拟货币,比如,比特币则无任何信用做担保,所以价格波动非常大。其次,数字人民币采取的是双层运营体系,也就是央行先把数字货币兑换给商业银行,再由商业银行兑换给公众;而虚拟货币不涉及商业银行,直接面向大众。

如果再从法律角度看,数字人民币具有无限法偿性,即当我们使用数字人民币进行支付时,商家是不能拒收的,虚拟货币肯定做不到这一点。

(2) 数字人民币和比特币运用一样的技术

一说起数字人民币,人们自然会想到区块链、比特币等。作为当下有代表性的数字货币,比特币并不适用于日常的交易,且在国家政府层面受到的认可度也有限。数字人民币作为由央行主导的主权货币,在主流认可度上是比特币不可同日而语的。

在技术的实现上，区块链是数字人民币研发考虑的技术路线，但并不是唯一的选择。因为数字人民币在研发工作上不预设技术路线，可以在市场上公平竞争选优，这样既可以考虑区块链技术，也可采取在现有电子支付基础上演变出来的新技术，充分调动市场的积极性和创造性。

（3）数字人民币很快就会取代纸币

在不久的将来，数字人民币会走进我们的生活，有人担心：那纸币会不会就此逐渐退出历史的舞台？答案是：数字货币短期内不可能完全取代现金。这主要与用户的习惯有关，因为不是每一个人都愿意接受这种支付方式，年纪大一点的人可能更倾向于纸币。再者，从政策、法律角度来看，数字货币和纸币的地位是平等的，它们可以自由兑换。

（4）数字人民币会取代第三方支付工具

有人认为，微信、支付宝的出现为人们带来了全新的支付体验与极大的便利。难道数字人民币比它们还便利吗？为了搞明白这个问题，首先要清楚，它们并不在同一个层次：数字人民币是钱，第三方支付工具是钱包。

在电子支付场景下，微信和支付宝这两个钱包里的钱，是来自商业银行存储的人民币。数字人民币发行后，我们仍然可以用微信、支付宝进行支付，只是钱包里装的钱，增加了数字人民币。发行数字人民币的目的，并非取代微信和支付宝，而是因为数字人民币有许多优势，这些优势主要体现在以下几个方面。

首先，它能节省货币流通成本，可有效杜绝假币。随着数字人民币的广泛使用，会极大地节省现钞与硬币的制造、运输、储藏、存放、保管、清点、维护等成本，与此同时，可以从根本上杜绝现钞与硬币的仿冒、伪造等犯罪行为，

让假币没有流通与使用的空间。

其次,它能提升支付效率,降低交易成本。数字人民币的使用有点像支付宝等第三方支付,但又有所不同,因为数字人民币具有非营利性,且可免费兑换。人们在使用数字人民币时,不会产生流通费用,当然,商业银行也不会向客户收取数字人民币的兑出和兑回的服务费。它还有一点与微信、支付宝明显不同,那就是数字人民币的使用不只依赖于网络,也可以双方手"碰一碰"就能完成操作。

最后,它能匿名支付,保护消费者隐私,并可追溯违法犯罪"资金链"。数字人民币不需要实名支付,不需要绑定任何银行账户,便可直接使用。数字人民币的使用过程可以完全匿名,故能有效保护消费者的隐私。那有人可能会担心,如果有人进行违法犯罪怎么办?如偷税逃税、跨国洗钱、非法融资等。其实,在保证交易双方匿名的同时,数字人民币可通过区块链及加密技术(可追溯)对一些犯罪活动起到威慑作用。

当然,数字人民币的优势和作用远不止上述几点,将来,数字人民币的开发与应用,会极大地满足人们的需求。

随着数字人民币试点工作的进一步推进,除了商业银行之外,包括京东、美团等在内的一些大型互联网企业也已经开始试点打通线上线下的数字人民币支付渠道。随着移动互联网、AI、云计算等技术的进一步发展,新的应用场景与需求的不断出现,可以预见,数字人民币将为我们勾画出一幅美好的未来图景。

关于"ICT+"的认识

在现实中,很多人习惯性地认为,所谓的数字经济,其实就是"ICT+",其实不然。

ICT,即信息通信领域技术,其英文全称是 Information and Communications Technol。简单来说,ICT=IT+CT。IT 指信息技术,即在信息科学的基本原理和方法的指导下扩展人类信息功能的技术。通常,是指应用计算机科学和通信技术来设计、开发、安装和实施信息系统及应用软件。CT 指通信技术,主要包含传输接入、网络交换、移动通信、无线通信、光通信、卫星通信、支撑管理、专网通信等技术,比如,5G、LTE 等。

可以说,数字经济与 ICT 密切相关,但二者不可以直接画等号。有些人之所以将数字经济界定成"ICT+",是因为他们看到,数字经济高度依赖 ICT,甚至认为,只要一个行业运用了最新的信息通信技术,就是数字化转型,就是数字经济。

这种观点当然是片面的。数字经济的兴起与发展是最近 20 来年的事,但

ICT的出现与发展显然要早得多,所以说,数字经济不是ICT新换的马甲。

当然,在不同的国家,关于数字经济与ICT的关系,会给出不同的界定。比如,美国商务部经济分析局(BEA,2020)将数字经济划分为3个部分:一是基础设施,包括硬件、软件和相关支撑设施3个子行业;二是电子商务;三是收费的数字服务,包括云服务、数字中介服务和其他收费数字服务3个子行业。其中,基础设施和收费的数字服务基本相当于ICT。也就是说,美国所认为的数字经济,指的是"ICT+电子商务"。

中国信息通信研究院从统计测算角度,将数字经济分成数字产业化和产业数字化两部分,同时又将数字产业化定义成信息通信业(ICT)。所以,信息通信研究院所说的数字经济,指的是"ICT+产业数字化"。

可见,ICT是数字经济得以存在和发展的基础,除此之外,其对数字经济的影响还体现在以下几个方面。

(1)ICT的发展促进了企业的数字化转型

从1971年Intel推出全球首款芯片4004开始至今的50多年里,ICT硬件产品的价格持续快速下降。由于摩尔定律带来的ICT产品、数字产品价格持续相对下降,导致数字产品在更多场景和更大范围内应用,从而带动了与ICT关联产业的规模扩大。在这个过程中,这些产业的一些企业会不断进行数字化转型。

(2)ICT渗透到数字经济的方方面面

ICT作为一种典型的通用目的技术,几乎能够渗透到经济社会运行的每一个领域和环节,能够与经济社会方方面面相结合。由于ICT的渗透性特征,数字经济的存在和影响是全社会性的。

（3）ICT 使数字经济呈现不同的表现形式

首先，与 ICT 直接相关的特定产业出现了新的业态。直接相关的特定产业主要有电子元器件、通信设备制造等 ICT 制造部门，以及软件信息等服务业。新的业态，主要是指由新一代 ICT 或数字技术为核心支撑的新型经济形态，如电子商务、网游等。

其次，ICT 使传统产业呈现出数字化形态特征。在运用 ICT 对传统产业进行数字化改造后，可大幅提高传统产业的产值与效率。

ICT 技术与数字经济紧密相关，人工智能、轨道卫星、自动驾驶等 ICT 技术构成了数字经济的基础核心，所以，ICT 产业的创新对数字经济的推动作用极其重要，也是国家产业升级和推动企业发展的重要基石。

数字科技的发展不能跨越雷区

随着数字技术的不断进步,在物理空间之外,数字经济为我们创造了一个新的越来越大的数字空间,基于数字产品的生产和服务在这个空间内创造的价值,由此催生出了许多全新的产业模式。我国的数字经济起步虽然比较晚,但是发展迅速,后发优势明显,特别是2020年以来,数字科技在抗击新冠肺炎疫情,以及恢复生产生活方面发挥了非常重要的作用,成为推动经济增长的新的强劲动力。

但是,我们也要清醒地看到,数字科技也是一把"双刃剑",它虽然为经济社会发展提供了重要基础和核心动力,但也会带来一些新的风险与挑战。要使数字科技得到健康、快速、稳步发展,让其不断迸发出引领时代的巨大能量,就要在享受其发展红利的同时,加强关于规范管理的思考,尤其要避免跨越如下四大"雷区"。

雷区一:脱离实体,失去经济支撑

当下,互联网、大数据、人工智能和实体经济正深度融合。在这一过程中,数字科技不但要对产业数据进行在线化、标准化、结构化处理，而且要对所有生产要素和运营流程进行数字化的改造，与此同时，还要对生产和经营环节进行精准预测、优化布局、精细运营、实时反馈并进行修正，进而形成了一个完整的、可持续发展的闭环，突破产业增长的既有模式和边界。

可见，数字科技不但要服务于实体经济的发展，还要用数字化、网络化、智能化的手段推助企业的转型升级。相反，如果数字科技脱离了实体经济，不但数字科技的发展与应用会受限，而且实体经济也会失去"创造"新动能。只有将数字科技与实体经济融合发展，才能加快企业的转型升级，才能打造面对不同的应用市场的新商业模式与新业态。

实体经济始终是我国经济发展，以及在国际经济竞争中赢得主动的根基。数字化只是手段、工具，而非目的，要想在数字经济时代有所作为，发展数字科技一定要着眼于实体经济，真正赋能实体经济。这样才符合我国全面实施的"数字技术+先进制造"，"大数据+产业集群"等战略规划。

所以，发展数字科技一定要以实体经济为支撑，以实现数字技术在生产制造等环节的融合应用。这是如今各行各业实现数字化升级的必然选项。否则，数字科技一旦脱离了实体，必然会成为空中楼阁。

雷区二：赢者通吃，拉大贫富差距

显而易见，数字技术发展可以为劳动力赋能，特别是会让一些老龄人口或是弱势人群得到更多支持，如其有助于延迟退休时间、增加就业机会。同时，我们也要注意到，数字科技也会给一些群体的就业带来压力。

在经济学中，有一个名词叫"技术性失业"，简单理解，就是指因技术进步导致的失业。随着数字技术的不断发展，必然会有越来越多的工作被机器人

所取代，如已经出现的"无人驾驶""无人物流"等。如此一来，掌握先进数字技术的明星企业就可以用更低的成本服务大市场，从而赢得竞争优势，进而实现赢者通吃。这种数字化的不平等，引发的一个直接后果，就是造成贫富分化的加剧。

我们是否会任由这种局面出现呢？当然不会。

一方面，机器人固然可以代替人做一些常规性、简单重复的工作，如制造业的流水线作业，甚至有些复杂性工作也能够被机器替代，但是，它同时也可以赋能于人，实现与人的互补，例如，外卖行业，数字技术、智能手机、GPS定位等技术的运用，极大地提高了外卖员的配送效率。再如，远程教育、远程办公、远程医疗等，并没有因数字技术的应用而让机器人替代老师、白领工人和医生，相反，他们对它们进行了赋能。

另一方面，我国政府非常注重社会公平，并提出"共同富裕"是中国在全面建成小康社会后下一阶段的目标。数字科技的发展与应用只能服务而不能背离这个目标。而且，在未来国家必然会加大对数字经济的监管，并实现更好的社会、经济治理，那种借着掌握先进数字技术的企业想实现"强者恒强""赢家通吃"的做法，尤其是其导致失业人口增加、贫富差距扩大等问题的垄断行为是绝对不被允许的。例如，之前国家市场监管总局对阿里巴巴开出巨额罚单，对美团因涉嫌垄断行为进行立案调查，以及要求腾讯音乐放弃独家版权，等等。从中不难看出，政府相关职能部门对一些技术寡头的"出格"行为的有序规范已进入常态化，并且治理决心与力度非常大。

所以，在发展与应用数字科技的过程中，要更多地释放数字经济带来的红利，而不能脱离监管去制造"数字鸿沟"，形成数据垄断，从而加剧贫富分化，这是任何机构或企业都要绝对避免，并要去跨越的一大雷区。

雷区三：不当竞争，扰乱经济秩序

当前，我国正处在推动互联网、大数据、人工智能和实体经济深度融合的关键时期。出于服务精细优化和商业精准营销的需要，各类移动应用对个人信息的采集和开发利用越来越频繁，例如，对通信、位置、社交、网购、喜好等个人信息采集越来越多，数据挖掘分析越来越深入，对个人画像越来越精准。数字科技在促进实体经济发展和企业转型升级，便利人们生活的同时，也带来了一些新的问题。这是因为，与传统经济相比，数字经济的参与主体更加多元，环节边界更加模糊，而且过程协调更加复杂。比如，侵犯知识产权，大数据杀熟，泄露个人隐私，平台垄断等问题非常突出，这些不合法经营和不正当竞争，严重损害了个人乃至社会权益，扰乱了市场的正常秩序。

不少企业的App就存在这样的问题：非正常收集，甚至贩卖个人信息。当用户下载并安装App时，会出现各种"提问"，如果不点击"同意"，就无法下载。即使下载了，也无法安装。为了享受App带来的便利，用户只能选择"同意"，结果导致个人信息被泄露或滥用。也就是说，在刚性的程序面前，用户几乎没有知情权、选择权，乃至公平交易权，拥有的唯一权利，就是选择不用。可见，因为掌握某种技术优势，这些企业不但行为霸道，而且无视法律。

除此之外，设置技术壁垒阻碍数据跨平台转移，利用技术优势不合理地使用数据，如大数据杀熟，或是进行垄断性定价，抑或是非法交易用户数据、侵犯个人隐私等，这些行为不但扰乱市场竞争秩序，而且加剧了交易风险，是发展数字科技过程中要极力避免去踩踏的一大雷区。

要做强做大数字经济，必须要加强相关方面的治理。首先，政府要加快制

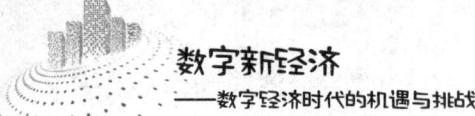

定与落实个人数据保护相关规则，明确个人数据权利，确保个人数据采集、流通、开发和利用的安全有序。其次，企业要履行好自身责任，规范企业数据采集、存储、流通、交易和开发等各环节安全保障措施。最后，要完善社会监督机制，鼓励开展第三方数据监测和评估服务，推进社会化协同治理。

雷区四：野蛮生长，触碰法律红线

如今，数字科技的快速发展，对经济社会产生了颠覆性的影响，也带来了一系列治理难题。其中最典型的一个问题就是：部分行业和领域存在着较严重的市场垄断、无序扩张和野蛮生长。

例如，一些科技巨头的商业边界越来越模糊，它们仰仗雄厚的资本，四处拓展商业版图的同时，还通过建立技术壁垒，或凭借自身的技术优势，像云平台、大数据等，破坏创新和竞争，甚至规避监管、损害消费者权益。

再如，一些互联网巨头，经常滥用垄断地位，扼杀小公司的创新，从而出现"大树底下不长草"的现象，使同一行业的小企业几乎没有了生存空间。

如果任由这些技术寡头与资本巨鳄野蛮生长，势必会危及整体的公平竞争环境，最终损害整个行业及消费者的利益，并扼杀科技创新。

那如何面对这一新的挑战，让数字科技更好地造福于民呢？

2021年12月，中央经济工作会议特别强调，要为资本设置"红绿灯"，依法加强对资本的有效监管，防止资本野蛮生长。同时强调，要支持和引导资本规范健康发展，优化民营经济发展环境。这里的"防止资本野蛮生长"相较于过去的"防止资本无序扩张"，表述更为严厉。无序扩张，即是指行业内的非生态行为，有恶意性，而野蛮生长，是指跨行业的非生态行为，有破坏性。

防止资本借着技术垄断或壁垒野蛮生长已成为一种国家战略主张，其目标就是维护企业和微观经济层面良好的生态环境，并且着力保障预防宏观经济层面的系统性风险。未来，国家会不断加强对数字经济的规范化治理，尤其是反垄断监管，凭借资本与技术优势无序扩张、野蛮生长，破坏公平公正竞争市场环境的行为会被有效扼制。

特别是科创型企业，在发展并运用数字科技的过程中，一定要避免触及相关的法律红线，清楚哪些行为是被允许的，哪些行为是被鼓励的，哪些做法属于无序扩张，哪些属于野蛮生长，不能为了逐一时之利而踩了雷区。

综上所述，所有互联网、区块链、数字技术、元宇宙等新技术的出现和应用都是以助推经济健康发展为前提的，它必须建立在有利于推动社会经济更科学、规范、健康、有序的发展上，因此，决不能脱离实体经济，更不能扰乱实体经济与金融秩序，违背经济法规及金融法规的管控！否则便毫无价值，甚至有可能会成为具有严重破坏性的违法违规行为。

特别是那些打着区块链技术、元宇宙等数字科技幌子的诈骗行为，这些行为不但违规违法，而且具有严重的破坏性，对其必须要进行严厉监管和严厉打击，以打造公平、公正、有序的竞争环境，推动数字科技不断创新。

上篇 数字经济是什么？

第四章 / 数字经济的六大趋势

随着数字经济的不断发展，其已从概念走向了实操，已从理论内涵走向了具体化操作。展望未来，它不但会与更多行业、产业深度融合，而且在普惠发展、公平就业、数字隐私、绿色发展，以及智慧社会构建及国际化规则制定方面扮演重要角色。

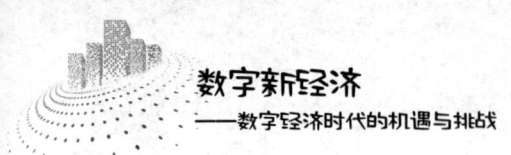

数字经济时代的普惠发展

"普惠"是经济学中经常被提及的一个词语,从字面来理解,就是指普遍惠及,也就是让大家都受惠。当然,普惠也是数字经济的一个根本特征,这是因为,数字经济本身具有开放、包容、协作、共享、共赢的特点。如果将这些特点的共性提取出来,用一个词表示,"普惠"是再合适不过了。

数字经济的这个特征可以确保更多的人从社会经济发展中受益,同时,由于数字经济可以将时空"压缩",故能让各个地方的人参与进来,给每个人的全面发展提供相当的自由度。也可以说,每一个人都可以分享数字经济发展的红利。

随着数字经济的发展与规模的不断壮大,不但让我们的生活变得更精彩,也给了我们更多创业、就业的机会。过去,坐在马桶上购物是想都不敢想的事情,现在,它已经变成了我们的"日常操作";过去,我们能给家人打电话的时间并不多,现在拿起手机就能和家人视频。有的人,甚至可以用碎片化的时间上网课,听名师讲座,等等。可见,数字经济的发展,不但便利了我们的生活,还节约了我们学习的时间成本。可以说,生活中的每个人都是数字经济的受益者。这也是我国大力发展数字经济的一个原因,即它能普惠大众,让更多的人享受到改革与发展的红利,让大家的生活变得更美好。

具体来说,数字经济的普惠性在以下3个方面的表现尤为明显。

(1) 使弱势群体受益

在过去的经济形态中,穷人、残障人士等属于弱势社会经济群体,但在数字经济中,他们可以平等地参与经济活动,这是因为,数字技术有较低的采用、渗透门槛,数字化信息具有非竞争性、接近于零的边际生产成本,在一定意义上,可以说数字经济是帮扶社会弱势群体的好助手。

(2) 改变区域的不平衡

以我国为例,数字经济的包容性增长,有效地缩小了地区差距,弥补了发展的鸿沟。大家都知道,我国有一条著名的东西地理分割线——胡焕庸线,几十年来,胡焕庸线两侧人口分布、经济发展程度存在明显差距。但是近几年,随着移动互联网的普及和数字经济的发展,在移动支付服务方面,东西部居民的差距在不断缩小。随着数字经济的深入发展,各地的发展差距只会越来越小。

(3) 解决城乡间的差距

今天,我国城乡之间的发展差距仍然较大,特别是在就业、教育、医疗、居住、养老等方面仍存在一些亟待解决的问题。随着数字经济的发展,农村地区,特别是贫困地区可以依托智慧社会建设,利用信息技术补齐发展短板,消弭城乡数字鸿沟,进而实现信息网络宽带化、基础设施一体化、基本公共服务均等化、产业发展联动化、社会治理精细化。

除此之外,数字经济的惠普性还体现在教育、公共服务等方面。在教育方面,通过互联网技术和远程教育等手段,可以让各地的学生同步享有优质教育资源。在公共服务方面,通过建立在线公共服务平台,大幅降低群众获取公共服务的成本,不断提高群众生活便利程度。在生活服务方面,人们可以享受到高效便捷的电子商务、物流服务等。

数字经济时代的公平就业

随着5G、人工智能等信息技术的发展，有人会担心：将来会有更多的机器取代人，人们的就业压力会增加，失业率会上升。这种担心有一定的道理，但是，信息技术的发展并不一定会导致人们失业，因为，数字技术渗透率和自动化程度越高、AI技术越先进的国家与地区，失业率反而越低。

可见，数字化转型会给就业带来显著、深远、复杂的影响，在这个过程中，有些岗位会被替代，但更多的工作岗位会被创造出来。进一步说，数字经济时代的就业结构虽然正在发生重大变化，但另一方面，它又促进了公平就业。

举一个常见的例子。

过去，我们一听说"玩手机""做直播"，就觉得是在娱乐，或是不务正业，根本不会往"就业"方面去想。今天，这种"不务正业"的人越来越多，而且还"玩"出了新花样。比如，游戏玩得好的，给大家在线讲攻略，舞跳得好的，教大家跳舞，只要是你能想到的，都有人在做。在这种新的直播模式下，每个人都能发挥自己的特长，最终，大家的需求和变现压力催生了电商、教育、

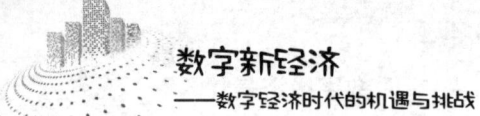

本地服务等业务。这也是一些平台推动就业的原因。

为什么有这么多人选择在抖音等社交平台就业？

这是因为，与传统制造业、服务业的企业相比，社交平台上的就业更为灵活，以自雇为主。只要架起一部手机，就能够通过平台连线直播获取收入。这使许多人可以足不出户在家工作，在工作时间方面也有了较强的灵活性，尤其是在就业困难的新冠肺炎疫情期间，直播带货等就业机会，使大量从业者获得了收入。

这是数字经济促进公平就业的典型例子。具体来说，数字经济对公平就业的促进作用主要体现在以下几个方面。

（1）灵活就业方式更为普遍

不同于过去的就业模式，在数字经济时代，灵活就业人群正日趋庞大。据人社部等部门公布的数据，我国灵活就业从业人员规模达2亿人左右。其中，很大一部分都依托于互联网。

随着电商、O2O、共享经济、平台经济等行业快速发展，以门槛低、时间灵活等优势，催生灵活的就业空间，数字经济兼职岗位招聘人数众多，就业需求旺盛，兼职薪资支付方式以计件计时为主。所以，过去整体的就业模式是"公司+员工"，现在，越来越多的人选择"平台+员工"的灵活就业模式。这种就业模式具有就业容量大、进出门槛低、灵活性和兼职性强等特点。这与传统的打零工不同，数字经济时代的零工就业具有工作内容丰富，工作空间自由，且自主性强的特点。

总之，数字化技术使得个体和企业只需要宽带连接就可以在在线平台上交易商品和服务，在数字经济时代，企业边界的模糊化、企业组织的平台化成为

数字经济的典型特征之一。大量个体和创业团队能够借助平台模式以较低的成本跨越门槛,借"平台"出海,完成"按需聚散"的契约履行与价值实现行为。

(2)从线下就业到线上就业

在数字经济时代,随着互联网平台的发展,出现了越来越多的由商品供给方、平台提供方、平台运营方、商品购买方等多方参与的平台经济体系,它们提供了大量就业机会,促进了就业结构的变化。

与过去长期雇用关系为主的就业方式不同,一些服务领域创造了基于平台的就业方式。平台企业一边连接劳务需求方,一边连接劳务提供者,通过算法调度、精准高效匹配供需双方。劳务提供者则可以选择专职或兼职工作,自行决定工作时间长短,劳务需求方可以在线点评反馈,平台则根据反馈情况对劳务提供者进行信用评价,并据此自动派单。

(3)从单一就业到多元就业

过去,人们会首选公务员、事业单位、国有企业、知名外企,民营企业、小微企业往往是无奈的选择。与一些"高大上"岗位相比,开网店、做公众号、做直播等这样的就业形式,很长一段时间没有得到社会的充分认可,有时甚至被认为"不务正业"。

近几年,互联网经济等新经济、新业态蓬勃发展,已成为国民经济的重要组成部分,在贡献经济份额的同时,还创造了大量的就业岗位。人们的就业观念正发生巨大变化,就业渠道和方式有了不断的创新与发展,很多人积极投身新经济、新业态,在这些全新岗位上接受挑战、累积经验,也取得了不俗的成绩。

(4)新的岗位不断被创造

据不完全统计,我国目前约有2000种职业,且一直在更迭变化中,新职

业的不断涌现,是当代中国经济社会发展与变迁的生动写照。随着数字技术与实体经济深度融合,不断催生一些新产业、新业态和新模式。特别是传统产业加速数字化转型,催生了大量新职业需求,创造了一大批新增就业,如外卖骑手、网约车司机、网络直播、网络安全员、段子手、云服务专家、微电影策划、私人旅行策划师……10年前,这些职业还不存在,现在却变成了很多企业争相招聘的当红"工种"。

2019年和2020年,人社部先后发布了两批共29种新职业,与数字经济相关的职业比例超过75%。今天,这些新的岗位吸纳了大量的就业者。

(5)人才与岗位更加匹配

数字经济和所有新技术带来的产业革命具有一个共同点,即必然会造成"创造性破坏",先是破坏一些旧岗位,然后创造出新岗位,即只有改变一些传统生产方式,才能提高劳动生产率,数字产业也不例外,用自身替代传统产业,破坏传统岗位。那么产业数字化,把数字经济的一些主要理念、技术和组织方式应用到改造传统产业中,数字化技术作为人力资本、物质资本含量更高的生产方式,也会替代原来普通的非熟练劳动者。所以,数字经济时代的劳动力市场会尽可能使劳动者的技能、人力资本和数字经济发展的需要相匹配。

综上所述,数字经济就业呈现出岗位需求多元化、就业薪资水平较高、工作方式灵活化等特点,数字经济在催生新职业、拓宽就业新渠道、提升就业规模、优化就业环境、提高就业效率等方面彰显出了巨大的潜力。

数字经济时代的数字隐私

数字经济时代，随着大数据和人工智能的发展，数据作为一种新型的生产要素和社会财富被不断分享、分析、利用，其潜在价值日益凸显。在此背景下，企业将会对数据变得越来越渴求，其中一些企业难免会走上邪路，去私自窥探、使用、滥用用户数据。

例如，有一年"3·15"晚会曝光了这样一个"安全陷阱"：老年人在使用手机时，常有App弹出"安全提示"，或者是抢红包的广告等，老年人在点击之后，个人隐私便会被窃取。

再如，2020年7月，一家快递公司的员工与他人勾结，利用员工账号和第三方工具窃取了40余万条用户个人信息，然后打包卖给了电信诈骗团伙。

除此之外，大量人脸识别数据被滥用，求职简历被泄露，等等。可以说，大数据使我们的生活更加便捷的同时也有一只看不见的"手"在采集我们的个人信息，我们变得没有安全感，没有隐私可言……面对这种现象，正确的态度不是封锁数据，而是设法保护隐私。

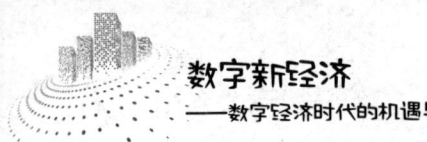

在当下该如何解决社会非常关注的数字隐私问题呢？过往的经验表明，市场机制本身不足以保证数据安全。要想在隐私保护与数据共享之间获得平衡，需要从顶层设计、公司自律和用户权利觉醒3个方面着手。

（1）监管部门作好顶层设计

作好顶层设计，既要利用法律法规对用户隐私保护，也要明确公司对用户隐私数据的使用权限、范围。如今，国家正通过越来越完善的法律法规，划定对用户隐私保护的范围和科技互联网公司对用户数据使用的边际。

例如，2020年4月，中共中央、国务院出台《关于构建更加完善的要素市场化配置体制机制的意见》，第一次明确地把数据纳入了生产要素，强调推进政府数据开放共享，提升社会数据资源价值，加强数据资源整合和安全保护。

其实，在这之前我国就通过相关立法来保护个人隐私。如在2015年7月1日，国家颁布了《中华人民共和国国家安全法》，其中明确提出了要"加强网络管理，防范、制止和依法惩治网络攻击、网络入侵、网络窃密、散布违法有害信息等网络违法犯罪行为，维护国家网络空间主权、安全和发展利益"。再如，工业和信息化部在2016年12月16日印发的《移动智能终端应用软件预置和分发管理暂行规定》中指出，厂商所提供的App软件，不得调用与所提供服务无关的终端功能，其已于2017年7月1日起实施。

一系列法律法规的相继出台，显示了国家层面对数据、隐私的重视。尤其是在当下数字经济发展的关键时期，加快推进个人隐私保护基础性立法，通过合理设计法律和政策尺度，平衡好隐私保护与数据共享，会影响中国未来数字产业的发展。

（2）科技公司要加强自律

数据在人工智能时代已经成为构建竞争力的核心要素，是企业最核心最宝贵的财富，所以，企业对于数据的渴求会越来越强。一面是数据的渴求，一面是用户的隐私，这种情况非常考验企业的自律能力。

这时，需要企业遵守法律，守住底线，在获取用户隐私数据时，需要做好告知、提醒、妥善存储、保护、研究等一系列工作，要在符合法规权限的范围内正确使用用户数据。

另外，要加强技术研发，以保护好用户隐私。国外一些科技公司在这方面的做法与经验值得我们借鉴。例如苹果公司，该公司曾在2016年苹果全球开发者大会上讲到了一项名为"差别隐私"（Differential Privacy）的密码学前沿技术，通过"向包含个体信息的大量数据集里注入噪声（或者说扰动），来达成保证每个个体信息都无法泄露，同时这个数据集的统计学信息依然可以被外界分析的目的"。

（3）用户要提升保护意识

作为用户，事实上我们在许多时候是矛盾的个体，既想要最为智能化的体验，又想要健全的隐私保护，但是，我们却经常在进行自我隐私泄露，比如，下载一些不明来源的应用，随意点开各类网页，随意注册各类网站，在网上随意留下个人信息，等等。

所以，平时要提升自我隐私保护意识，比如，面对网络隐私侵犯时，要学会拿起法律武器，保护自己的隐私；在学习与生活中要注意隐私安全，加强防范。

保护个人隐私是数据利用的前提和基础。数字隐私保护要多管齐下，即除

了要作好法律保障,通过界定个人信息主体的权属和相关人员的行为空间来保护个人隐私外,还要注重技术的应用,通过数据处理、计算方法和管理技术等确保个人隐私。除此之外,就是提升个人数字隐私保护意识。如此,才能合理保护数字隐私,推动数据产业的发展。

数字经济时代的国际化规则

在数字经济时代，各个国家之间的经济联系变得更紧密，各国相互之间既有数据的分享，也有数据的保护，甚至有人提出了"数字主权"的概念。这也对各国的监管部门提出了不小的挑战，即如何进行数据治理，如何提升数据跨境规则的制定话语权……

目前，虽然欧、美、日，以及中国等一些国家的数字经济得到了快速的发展，但全球缺乏国际公认的数据管理规则框架，这给一些有关全球经济和国家安全的重要问题的解决带来了困扰。例如，是否该对来自其他国家的数据征税？数据是特殊的"商品"，征税数额又该怎么确定？对于进入本国的数据该如何控制？可不可以要求将数据存储在本国？等等。所有这些问题，都涉及国际化规则的制定。

可以肯定，如果缺少国际公认的数据管理规则框架，首当其冲会受到威胁的就是个人的隐私权。因为没有人可以确保政府或其他组织及个人不会滥用人们的数据，侵犯他们的经济、政治权利。政府在允许数据"出口"，或是跨国流动的同时,势必要做好相关的隐私保护工作。在国际贸易中,因隐私保护问题而产生的摩擦并不鲜见。而隐私只是诸多问题中的一个,截至目前,就如何解决这些问题还没有形成广泛的共识,仅有一系列不一致、模糊且零碎的法规。所以说,相关国际化规则的制定可谓任重而道远。

不过,从人类过往的经验来看,在历经波折后,最终会形成一系列相关的国际化规则。而且因为中国拥有庞大的数字经济基础及优势,势必在未来的国际化规则的制定中拥有更多的话语权。具体而言,数字经济时代的国际化规则将会呈现以下几种趋势。

(1) 国家间加强数字治理合作

在世界范围内,随着数字经济的迅猛发展,导致了各国的数字经济发展极不平衡,且规则不健全,秩序不合理。所以应加强各国之间数字经济治理的合作势必会成为国际共识。这是因为,虽然各国国情不同、互联网发展阶段不同、面临的现实挑战不同,但是,推动数字经济发展的愿望是相同的,在应对网络安全挑战的利益是相同的,加强网络空间治理的需求是相同的。作为数字经济大国,中国将积极参与数字经济国际规则制定,以推动形成数字经济国际治理新机制。

(2) 重构国际贸易规则新框架

数据是创新之源,在未来,它将决定国家生产力及国家的经济实力。然而,在新的国际规则没有建立起来之前,旧的国际贸易体系无法有效地解决数据在跨境传输过程中产生的一系列新问题,如怎样给贸易行为中产生的数据定价?数据跨境贸易中产生的数据应归属于谁?数据的利用是否会侵犯公民的隐私权?等等。在过去的数年中,虽然跨境数据数量激增,但一直没有得到有效治理。

目前的国际贸易和投资框架是在70多年前设计的,那时的世界贸易格局和今天完全不同。

虽然旧的国际贸易秩序促进了全球经济的发展,帮助数百万人摆脱了贫困,但这一体系已经不足以适应当今全球贸易的现状,特别是有关数据的价值和所有权的规则几乎是空白,而且在如何管理数据方面,几个经济大国的分歧较大。

未来,会有越来越多的国家参与到新的国际贸易规则框架的制定中,毕竟,随着数字经济的发展,各国急需在新的贸易框架下,充分释放数据的潜力,以驱动创新,激发经济活力。

(3)重构国际数据主权新秩序

什么是数据主权?简单来说,就是指存在于本国的数据要受到本国法律的约束。这一原则在物理世界中很好理解,但在虚无缥缈的互联网的世界中,着实耐人寻味。一方面,由于数据本身的流动性、分散性、碎片化特征,使得难以将其约束在地理空间的范围内;另一方面,一直以来网络空间的自规制传统使得全球数据治理体系排斥主权政府的涉入,倡导国际组织、企业、民间机构平等参与的利益相关者模式占据着主导地位。

在今天,禁止数据向国外传输,要求数据本地化存储,数据传输前一定要获得数据所有者同意,向数据传输征税等是多数国家通行的做法。如果这种做法不改,不但数据的跨境自由流动会受限,而且也会影响外国企业对本国数据的获取和利用,与此同时,也限制了本国企业走出去的步伐。所以,如何通过国际协定实现"互联互通、共享共治"是数据主权原则落实过程中的第一要义。

2020年9月8日,我国外交部网站发布了一份"全球数据安全倡议"。该倡议呼吁各国秉持发展和安全并重的原则,积极维护全球信息技术产品和服务的供应链开放、安全、稳定；反对利用信息技术破坏他国关键基础设施或窃取重要数据，反对滥用信息技术从事针对他国的大规模监控、非法采集他国公民个人信息；不得要求本国企业将境外产生、获取的数据存储在境内；未经他国法律允许不得直接向企业或个人调取位于他国的数据；国家间缔结跨境调取数据双边协议，不得侵犯第三国司法主权和数据安全。

可以说，这份倡议顺应了世界数字经济发展的潮流与国际数据主权新秩序的要求，故被称为数字世界的"新五项基本原则"。

（4）中国积极参与数字经济国际规则制定

如今，中国经济实力和科技水平不断提高，以互联网、大数据、云计算、人工智能为主要特征的数字经济迅猛发展，加之近年来中国政府一直积极倡导和践行对互联网新业态放松规制、创新监管，持续推动"放管服"改革，在数字经济治理方面积累了丰富的经验，具备了参与数字经济规则制定的能力和水平。

同时，由少数西方国家主导的现行互联网治理规则已明显不适应全球数字经济发展形势，为越来越多的国家所诟病，尤其是一些发展中国家对其产生了质疑，并要求改变现状、建立新治理机制的呼声越来越高。这客观上为中国参与数字经济国际规则的制定创造了机遇。为此，中国可以把握好时机，就数字经济治理权力配置、边界设定、议事规则等核心问题提出自己的主张，以提升中国在这方面的话语权，并为新规则的制定发挥更大作用。

数字经济发展给全球乃至人类发展提供了新的机遇和挑战，各国亟须加强合作与交流，强化安全协作体系与风险防控机制，从而构建起一套全球性的、共建共享、安全高效、持续发展的国际经济新秩序，使数字经济潜力得以充分发挥。

数字经济时代的绿色发展

经过20多年的发展,数字经济的产业化生态已从数量扩张转向高质量发展。其"去物质化"有助于减少社会经济活动对物质的消耗,进而减少能源消耗,与此同时,数字经济与其他产业的融合,有助于带来更大的节能效果。

比如,共享单车、共享汽车等模式的发展,在提高社会资源利用效率的同时,也从节能减排角度促进了经济发展的绿色化。电子商务、移动支付、新媒体等业态的发展,一方面降低了市场交易费用,另一方面节约了资源。

如今,5G、云计算和人工智能等数字技术,正在推动数字经济进入发展新阶段。以5G为例,每比特能耗不仅大约只有4G的1/10,而且可以提供的容量是4G的30倍。华为发布的《2020年可持续发展报告》显示,2020年华为二氧化碳排放量相比基准年(2012年)下降33.2%,超额达成2016年承诺的减排目标(30%)。在可再生能源方面,华为数字能源已应用于170多个国家和地区,为全球1/3的人口服务,累计生产绿电3250亿度,节约用电100亿度,绿电生产和节约量相当于减少二氧化碳排放约1.6亿吨。

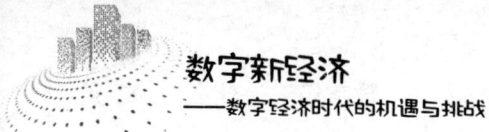

由此可见,数字经济首先应该是绿色经济,要符合绿色发展理念。未来,数字经济在绿色发展方面,会表现出怎样的趋势呢?

(1)促进资源的高效利用

相较于人口、土地、能源等传统红利,新型的数字技术越来越成为引领绿色技术创新、生产模式创新、产品创新的新兴红利。通过有效整合线上线下、前端后端各环节,数字技术可以构建"生产—运输—消费—回收"全产业链,进而提高资源利用、污染减排等各环节的运作效率。比如,"虎哥回收"借助"互联网+"技术,搭建再生资源的"互联网+生活垃圾+回收"立体服务平台,实现精准到户的生活垃圾分类信息统计,不但破解了城市居民垃圾收运难的问题,同时也实现了垃圾的清洁处理与循环利用。

(2)为低碳生活注入新活力

数字经济可以有效地将互联网的流量价值转化为经济价值和生态价值,为绿色消费提供技术储备和产品应用激励。通过数字技术开发绿色消费产品、打造绿色消费平台,不但能够提高大众的绿色消费,还能传播绿色消费理念,从而形成全民参与绿色消费的行动自觉。不断增加的绿色消费需求有利于加速释放巨大的经济红利和生态红利,实现经济发展与环境保护的双赢。

在今天的互联网时代,数字技术让低碳生活变得更有趣,让低碳公益变得更简单,与此同时,数字技术还实现了将"绿水青山"向"金山银山"的成功转变,"蚂蚁森林"就是一个例子。

(3)提升政府现代化治理能力

在数字经济时代,政府信息会更加公开,尤其是环境信息会更加透明度,这更好地保障了公众的知情权、监督权、参与权,有助于营造全社会共享共治的良好氛围。例如，某地生态环境部门通过门户网站、手机App等平台实时发布空气、水质等与群众生活关系最为密切的环境质量信息，定期发布重点排污单位监测评价报告，公开发布重大及以上突发环境事件的企业名单。与此同时，公众还可通过12369全国网络举报平台在线举报环境违法行为。另外，数字技术可以实现精确到厂、精准到户、精细到人的节能减排信息统计，能有效降低政府对生产生活污染的监督管理成本，为相关政策的制定与实施提供重要依据。数字技术的网络化、数据化、在线化和智能化等方式，可以搭建起"政府—企业—公众"之间的互动桥梁，从而提升政府的现代化治理能力。

综上所述，数字经济的绿色发展，并不是简单的"数字经济＋绿色经济"，或是"数字化＋绿色化"。绿色发展，不仅要依靠自然科学的指导，也要依赖5G、人工智能等信息技术赋能，只有将数字化发展与绿色发展深度融合，才能真正构筑起"数字与绿色共舞，经济与社会并进"的绿色数字化发展新格局。

当然，数字经济在促进社会经济绿色发展的同时，也会带来一些新问题，如共享单车乱停放问题、外卖的包装以及餐余垃圾问题、手机等各种内置器件和外置配件的"电子垃圾"问题等。这就要求在数字经济发展过程中，对各种外部性问题进行有效的治理和监管，采取有效的激励机制促进绿色生产和绿色消费。

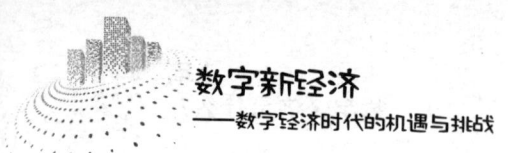

数字经济时代的智慧社会

数字经济为我们的生活带来了前所未有的改变。数年前,我们对"数字经济"的理解还只停留在"开网店""骑共享单车"上,而今天,它的内涵与外延极大丰富了起来,在现实生活中几乎无处没有它的影子,可以说,我们的衣食住行,处处离不开数字经济。数字经济让我们的生活变得更美好。

党的十九大报告提出,要"为建设科技强国、质量强国、航天强国、网络强国、交通强国、数字中国、智慧社会提供有力支撑"。其中,"数字中国"很好理解,那"智慧社会"又是怎么一回事呢?

"智慧社会"概念是对"智慧城市"概念的发展,它是对我国信息社会发展前景的前瞻性概括。智慧社会将作为继农业社会、工业社会、信息社会之后的一种更为高级的社会形态而加速到来。这意味着,"智能"成为与土地、劳动、资本具有同等重要地位的新生产要素,生产生活方式出现以智能化为标志的新变革,国际产业链布局和分工体系受智能化引导形成新格局。

当前,智慧社会建设正处于从理念向实践转化的阶段,一些地方正在建设

智慧城市的基础上着力推进智慧社会建设。

近年来,杭州着力打造智慧社会杭州样本,全面推进数字产业化、产业数字化、城市数字化"三化融合"。在建设智慧社会的具体实践中,政府扮演了3个关键角色。

一是引导者。政府一手抓数字经济,一手抓制造业高质量发展,制定出台数字经济和制造业产业规划及政策,大力推动5G、大数据、云计算、人工智能、物联网等新技术的广泛应用,加快形成电子商务、数字安防、软件信息等优势产业集群。

二是倡导者。政府主动适应智能互联时代的新趋势,致力于创造更多智慧生活解决方案,并与互联网龙头企业开展战略合作,为移动支付提供政府信用支撑,实现地铁、公交、医院、生活缴费等移动支付,积极打造新零售示范街区,刷脸消费、智能送餐等在未来社区、未来酒店、无人超市变成实景。

三是主导者。政府坚持"最多跑一次"改革理念,大力推动政府数字化转型,加快打造"移动办事之城","一次都不跑"成为常态,实现了数据多跑路、群众少跑腿。要率先把城市大脑作为新的城市基础设施来建设,下大力气精细治理城市。

可以说,杭州在智慧城市建设方面走在了全国的前列,为我国当下的智慧城市建设提供了样板。随着数字经济的快速发展,新一代数字技术在城市建设、管理中的运用,让每个人对未来的智慧城市都不免心生向往。

那么,未来的智慧社会或智慧城市究竟是怎样的社会呢?归纳起来就是"七化",即信息网络泛在化、规划管理信息化、基础设施智能化、公共服务普惠化、社会治理精细化、产业发展数字化、政府决策科学化。

（1）信息网络泛在化

建设智慧社会，离不开信息网络的建设。随着"宽带中国战略"的推进，下一代互联网和广播电视网会不断发展，信息网络加速向宽带、移动、融合方向发展，固定通信移动化和移动通信宽带化成为趋势，网络技术不断演进，高速宽带无线通信实现全覆盖。届时千兆入户、万兆入企，无线局域网完全覆盖社会公共热点区域，信息网络开始向人与物共享、泛在网络方向演进。可以说，随着信息网的发展，数据、计算、软件、链接将无处不在。

（2）规划管理信息化

未来，通过CIM（城市信息模型）和GIS（地理信息系统）等技术的综合运用，可以使城乡规划和布局直观、生动地展现出来，从而极大地提升城乡规划的信息化和科学化水平。通过发展智慧城乡公共信息平台，统筹推进城乡规划、国土利用、城乡管网、环境保护等城乡基础设施管理的数字化和精准化。城乡管理数字化平台通过建立城乡统一的地理空间信息平台及建（构）筑物数据库，构建综合性城乡管理数据库。城乡管理数据库与群智感知技术手段相结合，将有效地提升城乡范围内人、地、事物、组织、事件管理的精细化水平。

（3）基础设施智能化

智慧交通在交通引导、指挥控制、调度管理和应急处理等方面实现的智能化，极大地提升了出行的高效性和便捷程度。与此同时，智慧交通可以从根本上解决现存的一些大城市病，如拥堵等。由于有高速的宽带网络支持，无人驾驶会逐步推广使用，汽车会成功被纳入互联网、车联网，成为仅次于手机的第二大移动智能终端。智慧水务覆盖供水全过程，运用水务大数据能够保障供水质量，实现供排水和污水处理的智能化。智能电网支持分布式能源接入，居民和企业用电实现个性化的智能管理。智能管网实现城市地下空间、地下管网的信息化管理、可视化运行。未来的智慧城市将出现大量的地下管廊。智能建筑广泛普及，城市公用设施、建筑等的智能化改造全面实现，建筑数据库等信息系统和服务平台不断完善，实现建筑的设备、节能、安全等的智慧化管控。另外，智慧物流将实现港口、航运、陆运等物流信息的开放共享和社会化应用。

（4）公共服务普惠化

政府的公共服务能力和水平与老百姓的生活息息相关，在未来的智慧社会，基于互联网等信息技术，将会实现跨地域共建共享的公共服务信息体系，为教育、就业、社保、养老、医疗和文化活动等带来极大的便利。以看病为例，到时候病人可以坐在家中看病，电子病历和健康档案也会普及应用，优质医疗资源将会自由流动，看病难、看病烦问题将得到有效缓解。在公共就业方面，将实现就业信息全国联网。围绕促进教育公平、提高教育质量和满足人们终身学习需求的智慧教育和智慧学习的持续发展，教育信息化基础设施的不断完善，优质教育资源覆盖面将不断扩大，使得优质教育资源得到充分共享。

（5）社会治理精细化

在社会治理领域，如市场监管、信用服务、环境监管、应急保障、治安防控、公共安全等方面，将会启用新一代信息技术，并建立完善的信息服务体系。比如，在治安防控方面，会构建全面设防、一体运作、精确定位、有效管控的社会治安防控体系，极大地提升社会安全水平。在食品药品等领域，市场监管信息服务体系将不断完善，到时候可以实现实时溯源追查。在环境监管方面，建立环境信息智能分析系统、预警应急系统和环境质量管理公共服务系统，构建"天地一体化"的生态环境监测体系，实现智能化远程监测。

（6）产业发展数字化

随着新一代信息技术的研发与运用，传统产业实现数字化改造与升级，向数字化、网络化、智能化、服务化方向加速转变，释放数字对经济发展的倍增作用。随着智慧农业的深入发展，城市物流配送体系变得高效、快捷，并紧密地将城市与农村衔接起来。工业化与信息化进一步融合，工业互联网将得到进一步发展。智慧服务业的发展促进电子商务向旅游、餐饮、文化娱乐、家庭服务、养老服务、社区服务等领域延伸。另外，以数据为核心生产要素的数字经济规模将不断壮大，并不断催生新产业、新业态、新模式。

（7）政府决策科学化

政府部门通过大数据辅助决策机制，可进行精准决策，提供精准的服务。届时，政府决策将主要基于大数据进行，即"用数据说话、用数据决策、用数据管理、用数据创新"。通过大数据平台，政府部门的综合分析能力、对风险因素的感知、预测、防范能力将得到大幅提升。通过与企业合作等方式，实现数据集中、共享、有效对接，提升社会治理能力。

智慧社会作为智慧政务、智慧产业、智慧民生、智慧城市等各种智慧系统的总和，既是人类文明发展的新阶段，又是人类社会发展历程中的一次全方位、系统性变革。其发生规模、影响范围和复杂程度会远超以往任何时候，它将完全改变人们的生产生活方式，并重新构建个人、企业、政府、社会之间的互动关系，同时，也将带来社会治理模式的重大变革，并对人类社会的发展产生深远的影响。

下篇 数字经济应用场景

第五章 / 云端制造：数字经济的主战场

积极促进新一代信息技术和制造业深度融合，加快传统制造业的数字化转型，大力发展先进制造和智能制造，推动制造业实现高质量发展，是企业顺应数字时代的必然要求。特别是数字化转型，它是深度的业务变革，它是实现智能控制、运营优化和生产组织方式变革的关键。

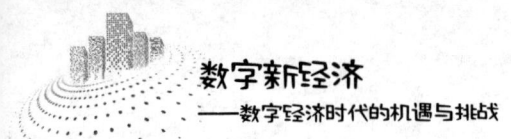

制造业数字化转型的典型特征

近几年来,随着人们更多地从数字化与数字化转型的角度观察经济问题,以及数字经济的不断升温,可以说,我们正在逐渐进入全面数字化的时代。未来很长一段时间,数字经济将是全球经济发展的主线。

在数字经济时代,"数字化转型"是一个绕不开的话题,可以说,谈企业发展,必谈数字化转型。数字化转型已经成了企业特别重视的一项变革行动。数字技术使得市场竞争更加激烈,它在颠覆众多行业的同时,也带来了更多的机会。所以,越来越多的传统企业,特别是制造企业都在摩拳擦掌,期望在未来一段时间通过数字化转型实现,来提升增长率和成本效率。

什么是数字化转型?

数字化转型就是利用数字化技术(如大数据、云计算、人工智能等)来推动企业组织转变业务模式、组织架构、企业文化等的变革措施,例如,衍生出的智能制造、智慧城市等概念。广义上的数字化,强调的是数字技术对商业的重塑,数字技术能力不再只是单纯地解决企业的降本增效问题,而应该成为赋能企业商业模式创新和突破的核心力量。换句话说,数字化是要在整合信息化的基础上,提升企业对数据的处理能力,从而进一步增加企业的效能。

当然,只从概念上看,多少觉得它与大数据一样,有些抽象,其实往具体里讲,它就是能够直接落地的数据化管理,这也是现今许多企业正在实施的措施。

举个例子。

过去,通信网络用的是模拟信号,现在是数字信号。这两种信号有着本质上的区别,数字信号通过0和1来表达,而模拟信号用电磁波来表达,电磁波既是信号载体,也是传输介质。在平时接打电话时,我们看不出两种信号的区别。但是,当我们对通信信号加密时,两者的区别就体现出来了。对于数字信号,我们可以进行多种计算、加工,甚至进行拆解、编辑,但是对于模拟信号,我们就不能进行这样的操作,只能对波进行处理,相较于数字信号,模拟信号的信息承载量与信息传输速度都低很多。

过去,制造业企业只看市场的整体或平均需求,并据此安排生产,经营有些粗放,有些像上面所说的"模拟信号"。进入数字经济时代,不少制造业企业开始认识到,自己面对的应该是一个个具体的消费者,产品的设计需要围绕消费者进行,也就是要对消费者进行"数字解构"。如此一来,传统市场就会细分化,许多新的需求也就此诞生。

所以说,传统制造业进行数字化改造,其根本目的在于提升企业的市场竞争力。那么,如何才算实现数字化转型?或者说,完成数字化转型的企业应具备怎样的特征呢?

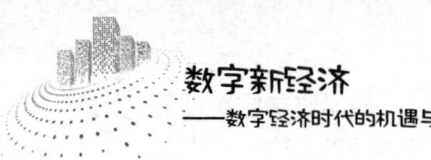

（1）构建以用户为中心的组织体系

以用户为中心是企业数字化转型的一个根本特征，其含义是，打造多层次体系的以用户为中心的组织能力，包括围绕用户设计组织结构，基于用户场景的创新能力，设计满足用户体验的互动方式，并在数据、考核以及考核机制等各方面体现"以用户为中心"的理念。

（2）用先进的IT架构能力体系

面对企业内外部复杂多变的环境，企业需要具备多元化的处理问题的能力，如敏捷、精益、智慧、柔性等。这些能力要得到有效的发挥，离不开先进的IT架构以及相应的组织能力体系，这些能力体现在包括客户互动、资源管理、智慧洞察和智能生产等方面。客户互动，需做到全渠道、全价值链以客户为中心，强调快速反馈，提供良好的用户体验。资源管理，要以流程为中心，建立全新的ERP系统，强调稳定、精益、高效。智慧洞察，则以大数据为中心，科学合理地研究分析遇到的问题。智能生产以机器为中心，围绕企业生产制造系统，强调成本、效率、质量、柔性。

（3）搭建以数据为中心的智慧大脑

制造业企业的数字化转型是否成功，关键要看其是否具备智慧大脑。智慧大脑以数据价值为基础，以人工智能分析为引领，为企业运营管理的所有环节提供分析洞察。它不但能分析各项生产活动、经营成果，发现经营过程中存在的问题和管理漏洞，还能对未来的发展做出预测。可以说，智慧大脑在数据来源、数据分析能力、数据服务企业的方式方面与传统方式有明显的差异。

通常，企业在具备初步的业务数字化和运营数字化能力后，将进入数字化运营和持续优化升级的阶段。在这个过程中，依靠"智慧大脑"产生洞察、发现运营问题、形成商业决策、跟踪优化效果,将是企业持续推进数字化转型、获得业务价值的关键。

(4)敏捷的反应能力

数字化时代,企业必须具备敏捷的反应能力,对外应把握客户和市场的迅速变化,对内应满足企业管理要求。敏捷能力的建设需要业务模式、IT架构、产品开发方式同时实现敏捷。业务模式上采用"一线尖兵+后方资源平台"的方式,产品开发方式上采用设计思维和敏捷迭代方式。传统用户的产品需求,需要经过系统化分析论证、形成产品定义后方可上线部署。在设计思维和敏捷迭代方式下,通过用户角色模拟、聚焦小组分析、最小原型产品设计,最短时间内便可上线产品,迭代优化。

(5)AI加持

AI在企业的应用,可以分为两个阶段:一是应用场景较少时,可以将AI应用嵌入某个信息系统,设计成互动型AI,比如,语音识别、机器人客服;二是当应用场景较多时,将AI的开发环境、常用AI数据模型,以及数据库整合到一起,打造一个企业AI中台,针对不同业务提供不同的AI服务。

(6)采用云、边、端架构

基于5G的解决方案是数字化企业的典型特征。采用云、边、端架构,将企业的运营管理空间从依赖于有线网络环境的空间,延伸到更广阔的物理区域。"云"上实现业务中台赋能;"边"可以通过5G网络的边缘计算功能实现,增强终端控制的实时性,同时减少云端处理的数据量;"端"可以用5G终端实现和物理环境、机器的直接交互与控制。像这种架构将在工业领域、医疗、金融、快消等行业得到广泛应用。

当然，对于多数企业来说，数字化转型面临的挑战来自多个方面：从技术驾驭到业务创新，从组织变革到文化重塑，从数字化能力建设到人才培养，所以完成数字化转型不可一蹴而就，一般来说，它需要3到5年，甚至更长时间才能看到实效。所以，企业要从整体出发，定位数字化业务组织，并从细节入手，匹配资源和更充分的自主权，稳扎稳打推进企业整体数字化转型。

综上所述，制造业的数字化转型，是在用信息技术驱动一场业务、管理和商业模式的深度变革与重构，故技术是支点，业务是内核。当然，在数字化转型过程中，新技术的应用并非目的，转型的根本目的在于提升产品和服务的竞争力，让企业获得更大的竞争优势。

上汽大通的智能定制模式创新实践

从第一辆汽车问世，距今已有100多年的历史。这一百多年来，汽车工业得到了迅猛的发展。在整个发展过程中，汽车工业始终秉承这样一种工业理念，即注重标准化，强调流程驱动。几乎所有的汽车企业都严格遵循这样的理念，但是，有一家企业却不走寻常路，对这种模式进行了大胆的创新，这家企业就是上汽大通。

可以说，在汽车行业要进行创新，难度极大，因为整个行业的技术、规范等都比较成熟，贸然进行创新，最终可能得不到预期的效果，很可能会因此被市场抛弃，毕竟，极其复杂的汽车定制流程，极大地考验着一家车企对制造成本、供应链等的把控，稍有不慎，就会满盘皆输。由此可见，上汽大通在创新之路上，需要的勇气，需要面对未知的挑战，是多么地大且多。

面对标准化的汽车生产流程，上汽大通始终在思考一个问题：能不能以客户需求为导向，利用数字化和智能化进行汽车研发和生产，即打造用户驱动的智能定制业务模式？这种模式一旦成功，将会呈现出这样的场景：用户只需打开手机，轻轻一点，就可以进入一个神奇的平台。在这个平台，用户可以根据自己的喜好定制一辆汽车。从颜色、驱动、座椅、轮胎等一切配置方面进行自由组合，最后得到这辆爱车的推荐品种，用户只需要几分钟的时间就能搞定。

如今，这个场景被上汽大通变成了现实。该企业首次采用C2B智能定制模式，开启了大规模智能化定制模式。

什么是C2B智能定制模式？说白了，就是一切由客户选择，并由用户驱动的研发、智能化生产、运营和营销流程、组织管理。上汽大通为什么能实现这种定制模式，完全要归功于数字化转型，以及数字化技术产品的广泛应用。即在整个产业链中，服务于研发、运营、营销、组织管理的众多数字化平台、产品和进行汽车制造的智能化工厂成为实现C2B智能定制模式的有力支撑。

具体来说，这种支撑可以被归纳为四大方面。

(1) 7个数字化平台

上汽大通开发了7个数字化平台，覆盖了设计、研发、生产、销售、服务各个环节，这些平台有用于打通线上线下的"我行MAXUS"平台，有为用户选车服务的"蜘蛛智选"，有为研发服务的"工程在线"，有为用户用车服务的"房车生活家"和"蜘蛛智联"，以及与下游经销商分享信息的"大通知乎平台"，还有用于内部沟通的"i大通平台"。这些平台可以收集第一手的数据，并对数据进行精确的分析、加工。故其组成了C2B智能定制模式的第一个有力支撑。

以其中的"我行MAXUS"平台为例，该平台被视为用户与上汽大通连接的桥梁。它是C2B智能定制模式中，用户参与、用户制造的"入口"。它不但打通了线上和线下资源，而且为车主的爱车提供在线预约维修、保养、道路救援、

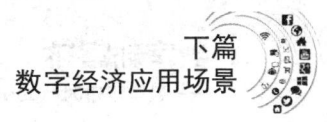

车联网等服务。

"蜘蛛智选"是 C2B 智能定制模式的一个重要平台，承载着用户的多样化汽车配置需求数据的整合和匹配任务。通过"蜘蛛智选"平台，用户可以获得流畅、便捷、智能、完善的选车、买车体验，而且还能享受在线选配、选择经销商、日历订车、订单跟踪、定金支付等智能定制功能，让用户真正获得个性化产品和服务。

上汽大通不仅在选车、购车方面具备数字化平台，而且在用车方面建设了数字化平台。上汽大通"房车生活家"致力于成为集房车租赁、营地预订、房车旅行、攻略游记、共享房车等功能的房车旅行一站式服务平台。用户通过手机触屏，便可以选择体验房车生活的方案。

为了便于和经销商沟通，并进行标准化、在线化、数据化沟通与管理，上汽大通建立"大通知乎平台"。这个平台不仅能够进行各种知识交流，而且还能为用户带来优质的销售服务，与此同时，还可以实现精准营销。

"i 大通平台"是上汽大通的内部沟通平台。在该平台，员工可匿名发言，找领导解决问题，通常，这些都可以得到及时的响应。所以，该平台很好地调动了广大员工的参与热情，引导员工自我学习、自我驱动，促进了员工与企业交互，这也为 C2B 智能定制模式的在线组织提供了有力支持。

（2）智能工厂

不可否认，上汽大通 C2B 智能定制模式具有相当的创新性，但是，最终的产品能否让用户满意，关键在于智能工厂。智能工厂是兑现用户承诺的最后一站，也是最关键的一站，角色之重要不言而喻。上汽大通南京 C2B 智能定制模式工厂，以数字化生产的方式承担了这一重任。

在智能工厂，所有供应链和制造管理体系都通过数字化连接。如果是非常复杂的零件，就做模块化（KSK）供货，进行分布式制造。所以，过去流水线式的加工链路不见了，取而代之的是，生产线紧密跟随每一个订单。任何一个从C端来的订单，即每一辆车，都有一个唯一的ID，而后续所有的零配件、生产、装配环节，都会与这一个ID对应。如此一来，在生产线上就找不出两辆同样的车，真正做到了个性化生产。

从用户下单、计划排产、零件入厂，直至整车生产、质检、发运的所有环节，都体现了上汽的"智能定制"理念。与此同时，上汽大通借助物联网、云计算、人工智能等技术，以及先进的工程数据智能分析、数字化生产技术、数字化质量管理系统和数字化供应链等，不断驱动生产线的智能化转型，让生产变得更透明、更高效、更智能。

（3）以用户为驱动的组织变革

如果把企业的组织机构看作躯体的"骨骼"，那么数字化战略转型就是"大脑"，作为"骨骼"的组织机构担负着设计"大脑"的任务。上汽大通智能定制模式对业务模式的改变，最终离不开整个组织机构的变革。

在过去的职能化部门组织结构中，各部门相互独立、泾渭分明，故不能形成合力来提升整体生产和营销能力。在C2B智能定制模式中，离不开各部门密切的合作，而原有的组织结构显然无法支撑这一点。

为了实现用户驱动，上汽大通对组织结构进行了改革，即把逐层汇报的科层结构组织转变为以用户为中心的流程型组织。具体内容包括：推出"蜘蛛智选""我行MAXUS""蜘蛛智联""工程在线"等数字化平台，以及面向B端的"大通知乎"平台，面向内部的"i大通平台"等。例如，有用户反馈质量问题时，可以登录"我行MAXUS"平台。企业全体员工以用户需求为导向，组织服务与业务流程，以满足用户。组织结构的变革，使企业各部门的角色发生了转变，从"布置任务"变成了"服务一线"。

（4）流程再造

上汽大通C2B智能定制模式的创新实践离不开基于数字化平台的流程再造。从研发到制造，从运营到营销，整个流程最突出的特点就是数字化——决策需要用户数据，运营依靠数字化平台，营销流程离不开数字化平台。

①研发流程再造

过去，汽车的制造流程是：企业根据不同供应商能够提供的配件，开发一款产品，设计完成后，便开始生产，然后上市。通常，每款产品会有高中低三档配置供用户选择。这种传统模式被称为B2C。与此相反，上汽大通做的是C2B，即把C和B的位置颠倒过来，所有开发、设计、制造由客户驱动。

假如开发一款车过去要3年时间，现在可能只需2年，为什么？因为设计一开始，客户就参与其中，他们提出需求，专业的工程师、设计师进行设计，双方不断地进行沟通，这极大地提升了产品设计效率。而且与一些企业的设计工作高度保密不同，上汽大通的设计过程全部向客户开放。

②运营流程再造

与过去一些公司常用的粗放的品牌投放策略，以及单向的客户沟通方式不同，公司通过数字化运营平台极大地提升了用户数字化体验和用户转化效率，不但把客户变为渠道伙伴，而且还实现了与客户全场景式、全时段、一对一的无缝沟通。

上汽大通对运营流程的再造还表现在提升用户的购车体验上。以前，用户

买车只能去实体店购买,如今上汽大通重构了购车模式,在 PC 端、展厅大屏的端口设计了自选功能,用户可以根据自己的喜好,自由选择车型、配件、颜色等。过去,向用户推销一款车,一线销售顾问要花好几个小时,甚至更长时间。现在,用户不需要被动地接受选择,而是怀着浓厚的兴趣向销售顾问提一些有针对性的问题。这不但极大地降低了销售顾问的工作压力,也提升了用户的购车体验。

③营销流程再造

不论是"蜘蛛智选""我行 MAXUS",还是"房车生活家""蜘蛛智联"等数字化平台,都属于上汽大通的营销体系。这些平台通过 AI 与潜在客户、高意向人群进行深度多维高频互动,为潜在用户"画像",分析他们的偏好与需求等,并提供个性化的服务,从而实现精准营销。如果某用户想定制一辆车,他可以足不出户,完全在线上完成这件事,并且在选完车之后,还可以选金融、车险,以及提车日期等。可以说,上汽大通依靠数字化平台和智能工厂,再造流程,真正实现了"由用户选择"理念。

对于推动 C2B 变革的初衷,上汽大通汽车有限公司董事长蓝青松的看法是:"汽车行业是高度标准化的,而新一代用户的个性化需求没有得到充分满足,如果能满足这种需求,就能体现出企业的价值。"上汽大通智能定制模式的成功实践足以说明,在数字经济时代,对制造业企业来说,一个差异化发展的有智能平台与大数据支撑的业务模式,不但能给用户带来价值,而且也能驱动企业的创新与发展。

伟星股份集团的数字化转型实践

浙江伟星股份有限公司是一家专业纽扣、拉链、金属制品等服装辅料的研发、制造与销售的公司，拥有临海、深圳等多个工业基地。凭借在纽扣、拉链、金属制品等领域的综合优势，伟星股份已成为许多知名服装品牌的战略合作伙伴。

过去，拉链都是按订单生产，市场部门对终端客户需求了解不够全面，无法对市场订单进行准确预测，而且由于订单报价体系缺少足够的基础数据支撑，环环相扣，引起了一系列问题。特别是近些年来，随着企业规模扩增，人员、设备越来越多，企业信息化进程与企业快速发展需求不匹配日益凸显，为了解决这个问题，伟星股份将数字化转型作为"一号工程"，开启了智能制造战略，着力打造了快速、高效、柔性化的智慧工厂，从而实现了传统制造企业的华丽转身。

公司以其独特的可定制化生产模式领跑国内服装辅料制造行业。而且公司的多项数字化解决方案均系行业内首创，比如，构建的企业级服饰智造工业互联网平台，聚焦了产业链协同、制造数字化互联、运营数据化驱动，实现了人、机、料、法、环、测各生产要素的数字化，最大限度上满足了客户的个性化需求，拉链的销售收入逐年增长。眼望未来，伟星股份将推动数字化工厂进一步升级，向未来的智能制造与智慧企业不断迈进。

在经营实践中，伟星股份究竟是如何实现数字化转型的呢？

（1）打通供应链管理系统

好的供应链管理系统，可以帮助企业快速感知上下游的需求变化。为了避免企业销售预测和实际市场需求出现过大的偏差，以及对终端客户的需求了解不够深入等一系列问题，伟星股份重新整合了供应链业务系统，这个系统大体的运作流程是这样的：将分布在全国各地的销售公司及销售网点接入系统，使其成为销售系统平台的节点，第一时间自动收集客户订单与反馈，自动进行订单汇总，再由生产计划管理系统进行统一安排生产。

该系统可以帮助企业快速感知供应链上游的需求变化，并据此及时调整生产计划，从而加速了订单流转速度，减少了订单差错概率，自然，客户满意度就随之得到了提升。具体来说，它的快速感知与高效运作主要表现在3个方面，即销售管理、采购管理、库存管理。

在销售管理方面，从接到订单到计划排产完成，平均时间与之前相比大幅缩短，订单确认到产品交货时间平均缩短了约20个小时，客户投诉响应时间平均缩短了约两天。

采购管理方面，通过系统管理上千家供应商，将价格变化响应时间缩短至4个小时以内，原材料采购周期平均缩短了约30个小时。因此，通过同质比价，企业可以短时间内找到最优货源，从而降低企业成本。

库存管理方面，实现了各个原材料仓库数据的有效共享，并全面统计了原材料库存情况，且库存统计准确率达到95%以上。

(2) 建立标准成本核算体系

如果缺少成本核算系统，在生产过程中，便不能准确计算各个步骤所涉及的具体费用等，这会导致某个步骤的成本较大时不能及时调整，这不但会影响相关的考核，而且会使得产品盈利性分析和成本因素优化无法有效进行。

做像拉链这样的"小产品"，成本核算非常重要，它直接决定着企业的利润空间，那如何减少不必要的消耗，有效降低企业运营成本呢？

伟星股份建立了标准的成本核算体系，能事先预知每份订单的盈亏情况，以此作为接单的决策依据。通过快速核算成本、交期，实现了自动排产，建立了在成本、进度、质量方面的竞争新优势，在订单量迅速增长的情况下，计划排产人数出现了下降，与此同时，日产量、准时交货率都得到了大幅提升，周期大为缩短，客户的个性化定制需求得到了有效满足。当然，有了这套系统，企业每天的盈亏情况一目了然。

（3）打造"智慧工厂"

伟星股份是一家典型的离散制造型行业，在数字化转型的过程中，致力于打造"智慧工厂"，运用新型的互联网技术及信息管理系统，有效解决了人工排产方式存在的一些问题，实现生产车间基于网络订单的自动化排产。例如，相关管理系统对企业资源状况、产品工艺路线及客户订单需求等多个纬度综合分析，通过数据建模、自动排程得出各工序的交期，并下达至MES系统（生产信息化管理系统），并且在关键工序实施设备联网，实现MES系统与APS（高级计划与排程）系统的有效衔接，机台可直接从MES系统中加载生产任务，并实时自动上报机台运营各项数据,在生产控制、进度跟踪、工艺管理、质量事故等方面全方位实时归集数据,实现生产流程可视化。

除此之外,伟星股份还着力打造自己的智能物流。公司规划与部署了智能仓储与现场物料自动拣选与传输项目方案。该项方案的一期项目在金属分厂进行了试点,在生产现场布局堆垛机,与ERP、APS、MES各系统无缝集成,实现了集"物料自动存储""物料自动拣选""物流自动传输""柔性、敏捷生产""限额领料"于一体的智能化物料配送系统。

随着行业竞争的不断加剧,伟星股份秉持创新理念,立足国内,放眼世界,大力推进数字化转型,不仅实现了批量、快速交付,而且还不断延伸产业链,布局高端制造业,打造"智慧工厂",来不断提升自己的核心竞争力与品牌知名度。

下篇 数字经济应用场景

南方水泥用数字化推进企业变革

南方水泥有限公司是一家超大型水泥企业，2007年9月5日在上海注册成立，运营总部设在浙江杭州。南方水泥同中国建材旗下北方水泥、中联水泥、西南水泥平级，是中国建材水泥四大板块构成之一。在新的发展时期，公司坚持"联合重组、管理整合、改革创新、优化升级"的发展方针，积极进行数字化转型，企业规模迅速扩大，综合实力不断提升，效益水平位居行业前列。

特别是近几年来，随着国内制造业转型升级步伐的加快，数字化工厂正在悄然改变传统制造业的生产方式，并推动制造业发展重心向高度的数字化、智能化转变。作为传统制造业，南方水泥主动求变，不失时机地抓住数字化转型的机遇，实现了企业的快速发展。

在整个数字化转型过程中，南方水泥着重在两个方面发力：一是优化供采流程，二是创建智能型工厂。

（1）优化供采流程

与其他的建筑材料不同，水泥单价低、易受潮，不利于长久存放与长途运输，

所以一般产销都以就近供应为主,市场的区域特性比较明显。如果运输超过一定的距离,会大幅度增加销售成本。水泥的熟料烧成属于连续性生产,一旦停窑,损失巨大。由于这种行业的特性,故对采购链的效率有较高的要求,这也是南方水泥要进行数字化转型、优化采供流程的一个重要原因。

①搭建数字化采购平台

在数字化发展的初期,南方水泥与国内一家知名的企业服务提供商合作,创建数字化采购平台。这个平台,连接了采购商和供应商,无缝对接企业ERP与电商平台,完整地贯通了计划、采购、到货、入库、付款等环节。实现了全采购、供应链条上的可视化,从订单确认、供应商发货、物流跟踪、入库签收、对账开票整个流程实现端到端一体化。通过供应商统一准入管理,实现全公司96%以上的采购流程在线化,实现了库存共享,降低了采购成本。

同时,还建立了财务、业务一体化管理平台,严格按总部标准化体系组织实施,如基础信息标准化,系统权限精细化,业务流程模式化,审批流程统一化,报表口径统一化,单据模板统一化等。财务与业务系统无缝链接,财务数据由业务数据集成。

②建立采购及供应管理体系

如今,南方水泥公司内部已经形成了完备的采购及供应管理体系,建设了统一平台,奠定了集团化管理的基础,为南方水泥的战略实施提供了有力支撑。标准规范制度体系完备,特别是标准化编码体系较为完善,优化了多级业务流程。系统功能的完善,符合南方水泥的业务需求,其业务财务信息高度共享,根据需要,可以随时生成各类图表,为决策提供有效支撑。

通过一系列措施,南方水泥实现了采购流程的细化、优化,为接下来将要进行的精细化管理奠定了坚实的基础。当然，从采购业务的数字化开始，南方水泥的转型之路也将会越走越深，并不断实现商业创新。

(2) 创建智能型工厂

在数字化转型过程中，南方水泥不仅将数据采集组合了起来，还把数据变成了能力，变成了财富，使数据算法和算力成为企业的核心竞争力。

浙江南方水泥在 2019 年 8 月启动智能工厂创建，执行十大模块框架，涵盖智能安全、智能环保、智能生产控制、智能生产管理、智能设备管理、智能物流等。常山南方水泥率先试点智能设备管理，建立标准作业计划知识库和预防维修体系，通过点巡检及预防性维护体系自动生成维修单。

南方水泥的这些智能型工厂，一切都是数据说了算。

①以数据优化生产配方

水泥的质量如何，成本高低，主要取决于生产配方及排放。水泥的生产工艺与过程虽然简单，就是将石灰石经过煅烧后形成熟料，再加工成水泥，但是，要生产高质量的水泥，化学配料的配比极其重要，在水泥成分中，含有硅、钙、铝、铁等，这些元素直接影响着水泥质量。以前，这些主要凭技术人员的经验，或是大概的数据进行配比，今天，通过自动取样、分析数据、算法选优的方式，能找到最佳的配比，如此，在保证产品质量的同时，又可以尽可能多地降低能耗，降低成本，减少排放。

②用数据来控制成本和质量

温度是水泥生产的一个关键因素，窑的温度或者转速，是评估熟料在里面加工多长时间的重要指标，之前，主要由现场工作人员来控制温度，实时温度可能会有一定的误差，如今，用机器取代人工，让温度尽可能保持均衡，

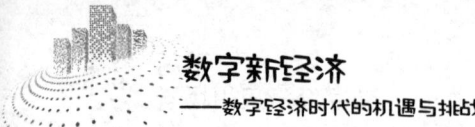

如果温度过高会产生浪费，过低材料又烧不熟，质量就会受到影响，机器替代人操作既能做到不浪费，又能使产品的质量得到提升。

③以数据优选物料供应

以前，材料采购的方式比较复杂，而且低效。现在，可以根据生产过程中的配方和生产过程中温度的要求，通过数据分析，得出一个精确的比例，据此比例，再选择合适的原材，这不但降低了工作强度，还提升了工作效率。

④以数据保障生产安全

南方水泥一直非常注重安全生产，特别是人身安全、设备安全、财产安全等。过去，公司的一个水泥厂有80多人，而从事工作巡检的有10多人，但现在只需要2人，其安全运营主要是通过线上和线下相结合的方式,利用电子围栏、员工智能手环、视频巡检以及数字报警等手段，构建起层层防范的安全预警体系，通过该预警体系，能够实时观测到设备的运营状态、人员所在位置以及财产状况，从而保障各个生产流程的安全。

有了智能工厂为依托，从矿山开采，到生产，再到水泥的包装及装车，整个过程的信息都实现了数据化，而且通过自适应、可预测的智能化控制，让整个工厂实现了高效运作。

在数字经济新时代，南方水泥乘着数字化的浪潮，将进一步打造数字化、智能化、绿色化工厂。未来，公司将建造一批花园中的工厂、森林里的工厂，让水泥厂能够与环境和谐相处。

兖矿集团以数字赋能"智慧兖矿"

兖矿集团有限公司是山东省属国有重点煤炭企业,企业以矿业开采、高端化工、现代物流及工程技术服务为主导产业,是人们眼中真正的"传统制造企业"。近年来,兖矿集团主动寻求变革,积极推进互联网、大数据、人工智能与企业的深度融合,走出了一条从信息化到数字化,再迈向"数智型"企业的发展之路。如今的兖矿集团,正在由一家传统的能源企业转变为现代投资控股企业,在整个转型的过程中,为更多企业贡献了作为一流绿色能源服务商的"数智力量"。

很早之前,兖矿集团就已经开始进行数字化转型方面的探索。当时,企业高层经常思考的一个问题就是:作为一家大型企业,公司在持续扩张的过程中,如何提升和优化现有经营管理模式,增强企业对市场的敏感性,以适应集团规模庞大,组织架构复杂、分散带来的制约?经过多方深入细致的调研,以及反复的探讨,最终找到了答案,即必须要进行一场真正意义上的数字化变革。因为大家意识到,只有认知数字变革的核心与本质,才能尽快调整业务模式和组

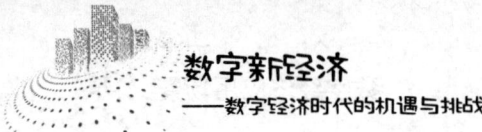

织构架,只有面向未来进行设计,企业才有美好的未来。

于是,公司审时度势,正式规定了数字化转型实施路径:以数字化转型为主线,以工业互联网体系工程建设为重点,推动互联网、大数据、人工智能、5G 等新一代信息技术在全要素、全产业链、全价值链中深度融合应用,培育形成三项支撑保障、三大基础网络、六大数据平台。

2015 年,公司启动了"YK136"大数据工程并试点应用,三年后的 2018 年,公司与 SAP、IBM、华为等企业合作,全面深入开展大数据工程建设,实施大数据总体规划及 ERP 系统全覆盖。2019 年 6 月,它的大数据总体规划完成,2019 年 11 月,实现了 ERP 系统的全覆盖,并同步实现了外围系统与 ERP 系统的对接。

从兖矿集团推进数字化转型的实践来看,整个过程大体可以分为 3 个阶段。

第一阶段,搭建数字化共享平台。公司搭建了集团级大数据平台,以及决策、管控和业务层系统,打破了企业人、物、财、智等资源物理限制,推动了企业资源高效率、远程化、低成本科学配置。如今,已形成了财务共享、资金管理、税务管理、物资共享、设备共享、营销共享等十大资源共享平台。通过重构兖矿 IT,打通数据孤岛,实现了"一切业务数据化"。

第二阶段,重点是智能兖矿建设。基于集团级平台构建各类创新应用;集团层着重战略、绩效、HSE、审计等的管理、营销协同以及生态拓展建设;下属公司智能化应用逐步拓展,推动流程优化和模式重塑。

第三阶段,打造智慧兖矿。兖矿着手智慧化落地,通过管理、运营、人员、设备等数据的深度挖掘,实现全供应链、全生产线、全生命周期科学管控,达到自主感知、自主决策。

从兖州集团 ERP 一期上线，在煤炭行业最早使用 SAP、ERP，到 2019 年完成总体规划，ERP 全覆盖一期上线，初步建成了两个"三化"示范矿井。20 年来，兖矿集团在数字化方面开创了一条颇具特色的"兖矿之路"。如今，公司在进一步推进"互联网+"战略，不断完善自动化、信息化、智能化建设，以构建集中统一的智慧运营管控、数据增值服务、人工智能创新平台，并建成一批智能矿山、智能化工园区和智能制造工厂。

除此之外，在数字赋能"智慧兖矿"建设方面，兖矿集团还采取了其他一些举措，有力地提升了数字化转型支撑力。

（1）构建数字兖矿战略体系

兖矿不断扎牢发展根基，建成了较为完善的基础设施支撑体系。例如，建成了国内领先的私有云中心，这也是煤炭行业首家云计算中心，其具有强大的计算存储能力，几百台虚拟服务器承载集团公司 ERP、OA、HR、财务、安全生产上百套业务系统。另外，在山东济南联通数据中心建成了行业首家同城应用级容灾中心。

围绕发展战略，集团通过全球知名的咨询团队诊断、分析、评估管理和 IT 现状，不断优化企业的管理模式和业务流程，制定兖矿集团管控及信息化建设远景目标、战略和实施路线，涵盖战略管控设计、智慧煤炭、智慧化工、智慧营销、兖矿云谷、IT 规划等多份报告。

（2）建成煤炭行业首家洲际信息通信网络

该网络覆盖山东、陕西、内蒙古、新疆、贵州及国外亚太、北美、拉美、中东、非洲的一些国家和地区，其为安全生产、办公提供了高速通道，建成了本部统一互联网出口，通过虚拟加密网络（VPN）、软件定义广域网（SD-WAN）、专线等方式与300多家分支机构实现了互联互通。

（3）行业大数据中心初具规模

以兖矿大数据中心为依托，形成矿业领域安全、生产、经营等大数据分析应用能力，打造服务政府、行业、企业应用的混合云平台；联合应急管理部、中煤协会、华为等多家部委、企业打造国内煤炭行业首个工业互联网平台；联合中国科学院、山东能源研究院、浪潮集团布局建设山东能源云平台。

（4）率先布局下一代基础设施

兖矿与联通、中兴通讯签署战略合作框架协议，成立国内首家5G智能矿业重点实验室，成为全球矿业5G应用的开拓者和引领者。IPv6的规模升级部署，满足了数字兖矿万物互联、多网融合的需求。

在建设"智慧兖矿"的过程中，兖矿集团与时俱进，不但完善了数字化战略体系，搭建了许多平台，积极布局下一代基础设施，还引进了先进的技术，不断提升集团业务的管控能力。如在资金管理方面，搭建国内首创"SAP——共享平台——财务公司"无缝对接平台，围绕集团票据池打造统一的票据生态体系。在风险防控方面，实现了风险辨识、风险评估、风险应对、关键风险点监控的信息化动态管控。与此同时，还与钉钉平台、移动平台等合作，搭建兖矿集团移动总部，实现组织在线、沟通在线、协同在线、业务在线、生态在线的实时兖矿模式。

综上所述，兖矿集团通过加快自动化、信息化、智能化建设，构建集中统一的智慧运营管控、数据增值服务、人工智能创新平台，建成了一批智能矿山、智能化工园区和智能制造工厂，推动了企业高质量发展，并使其成为落实数字中国战略的一个生动实践。

下篇 数字经济应用场景

第六章 / 线上教育：数字技术催生教育革新

数字技术不仅为社会生活方式、社会产业结构与经济发展带来了巨大变化，还在教育领域重塑着人们的认知与思维方式。作为一种"破坏性"力量，它不仅使教育打破了时空的束缚，而且催生了教育革新，重塑教育生态，让教育变得更加丰富多彩。

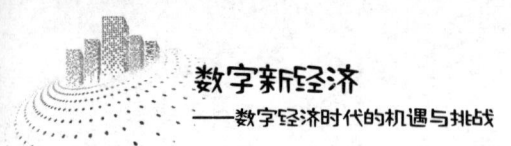

数字技术带来的教学方式大变革

如今,由数字技术驱动的创新,不但成为世界各国经济发展的重要推力,也给全球教育带来了深刻的影响。特别是新技术在教学领域中的应用,使传统的教学方式发生了重要的变革。可以说,在世界范围内,以数字技术推动教育变革已经被纳入各国的教育相关政策。在我国,教育信息化已被提到引领教育变革的战略高度,相继出台了一系列的教育信息化政策,并在实践中探索前进。

与此同时,教育领域几乎算是最后一个没有被技术重塑的行业,学校依然还是传统意义上的学校,有人甚至形象地说:"学校仍然是信息时代唯一的工业时代遗留产物。"但是不可否认,虽然学校还是"老样子",但是在数字技术的影响下,已经出现了一些新型的学习方式,如在线学习、混合学习、自适应学习等。从教育生态重塑角度,重新思考数字技术对教育的变革与重塑作用,会有助于我们更全面地看待技术在推进教育变革过程中的作用。

大体来说,数字技术给教学方式带来的变革主要体现在以下几个方面。

（1）教学观念上的变革

在信息技术环境中，我们不仅需要现代化的信息技术手段，更需要用全新的观念和理论去重新审视和指导教育教学活动的各个领域和环节。尤其在数字技术飞速发展的今天，我们必须要回答好这些问题：教育的本质是什么？教育水平的高下，是体现在技术与工具的优劣，还是体现在教学思路和课程设计的不同？当人工智能、大数据、VR、AR 越来越多地进入教育领域的时候，究竟能在多大程度上影响教育的发展和进步？

应该承认，技术为教育带来的积极作用，多年前难以想象的教育方式和手段，随着技术的进步，都得以实现，且教育的公平和效率，得以更好地推进和提升。但是，不可否认的是，传统的教学观念已不再适合信息时代。所以，在热情拥抱技术进步的同时，我们要冷静而积极地应对，从全新的视角出发，挣脱传统教学的羁绊，更新教育观念，特别是要改变教师的教育信息化观念。否则，只能是穿新鞋走老路，信息技术的应用不仅不会提高教育教学效率，而且还会造成巨大的资源浪费。

（2）教师角色的改变

过去，教师的主要职责就是"教"。伴随着互联网的发展，知识的平等性带来了课程与教学的平等性，教师将逐步从主导课程转变为与学生共同开发与实施课程，师生将成为更加平等的学习共同体。在这一过程中，教师的主要职能将由"教"转变为"导"，教师从传统的主导者变成了组织者和参与者，和学生处在同一地位。同时由于各学科更加融合，这就需要各学科的教师密切交流，不断地学习、补充新的知识，例如，教师要学会运用信息技术制作课件、设计教学过程，等等。

除此之外,数字技术的发展还对教师运用现代教育技术的能力提出更新的要求,教师不仅要具备利用现代信息技术获取最先进知识的能力,还应具备会用现代信息技术教学和指导学生的能力。为此,教师必须了解多媒体计算机技术和网络媒体的表现形式及构成形式,掌握其基本的操作方法,学会各种课件的制作,以满足教学的发展。

(3)学习方式的改变

随着数字与信息技术在教育中的广泛应用,人们的学习方式也在悄然间发生着改变。人们可以不再以课堂学习为主,可以根据自己确定在什么时候、什么地方学习;在学习内容上,信息技术在网上为人们提供了大量的学习资料,人们可以根据自己的兴趣进行选择;在学习方式上,也不再是单纯的死记硬背或题海战术,各种形式的教学与学习指导都在信息技术发展的今天得以展现,学习者完全可以根据自己的情况选择适合的方式。

(4)课堂教学的改变

在课堂教学中,教师越来越注重对学习过程进行数据形式化采集和描述,并基于课堂单元和学期单元进行学习过程的大数据挖掘和分析。教师通过这些数据和分析结果,可以即时进行教学控制和教学反思,从而提高课堂教学水平。学生和家长通过这些数据和分析结果,也可以及早发现学习中的短板,进而提高学习水平。基于这类大数据应用,可以构建课堂上的智慧学习环境,为每一位学生提供量身定制的学习指导方案,不会再像传统课堂那样,忽视课堂上的某一位学生,这也是未来智慧课堂的核心组成部分。

简单来说,就是大数据汇聚以后能够产生数据智能。过去,缺乏数据支撑的教育教学就好比"炮弹",教师教学只是盲目地狂轰滥炸,而通过数据分析,

则可以让教育教学变得更有针对性，有效地满足学生的个性化需求，就好比有了精确制导系统的"导弹"。

由此可见，在大数据时代，新的信息技术不但对数字化校园建设产生了重要影响，也对师生的认知方式、思维方式及学校的教学管理产生了深远影响。

（5）学习环境的改变

伴随着互联网技术的快速发展，基于云的教育服务、云端一体的技术设施，为创新教学提供了各种服务。学校可以利用云端做认知工具，也可以用云端来共享教育资源，还可以用云端支持探究性学习、一对一学习、游戏化学习，进行翻转课堂教学，为学生创设个性化的学习环境。

今天，更多的人可以参与到课程建设和课堂教学中来，在网络化的教学互动平台上，师生的交流更加自如。在课堂外，"连接就是学习"的理念也为课程改革突破书本、教室和时间的局限，开辟了另一条路径。

（6）教学评价的改变

大数据技术应用于教育评价领域，有助于获得更多原始基础数据，挖掘更多的教育信息，印证和揭示更有价值的教育规律机制，以此促进教育评价理论新的建构，指导教育评价实践更加精准、更加深入，打造途径更多元、数据更真实、主体更自觉、结果更公平的评价生态。

在这种评价生态下，教学评价不再是单一通过考试评价的模式，而是从教学目标、内容、方式等多个方面进行评价，在学生的知识与技能、过程与方法、情感态度和价值观等各个方面进行训练和评价。

在历史上，凡是重大社会变迁往往都是由科技革命推动的。如今，数字技术正在重塑教育生态，所以，我们需要理性、审慎地看待它对传统教学方式带来的一些"破坏性"。

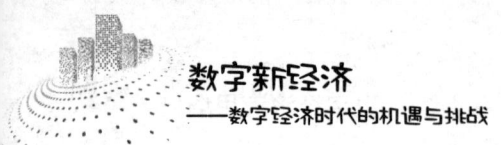

线上教育迎来全民时代

线上教育,也叫远程教育、在线学习,现行概念中一般指的是一种基于网络的学习行为,与网络培训概念相似。在生活工作节奏非常快的今天,人们非常注重用碎片化的时间来学习,加之,数字化技术的发展,给人们的学习带来了极大的便利。特别是2020年上半年,因受新冠肺炎疫情的影响,国内中小学"停课不停学",许多企业停工,这也让在线教育迎来了全民时代。如今,越来越多的人把在线学习当作一种主要的学习模式。

随着数字技术的不断发展,可以预见,在线教育将会成为更多人提升自我的一种自觉选择。原因有三。

首先,这是数字化技术发展带来必然需求。

要知道,对于很多素质教育、职业教育等机构来说,线下是极其重要的阵地。在疫情期间,众多线下培训机构为避免聚集而停止营业,但是停课退费关系着员工生计,于是许多线下教育机构采取线上授课的方式来自救。与此同时,疫情也"逼"着人们,尤其是大中小学生适应在线教育。于是,在线教育的需

求暴增。

如果说，这样的需求是被疫情逼出来的，那长远来看，随着数字化技术的进一步发展，人们通过网络获取优秀的教育资源将会越来越便利，学习方式将会越来越灵活，越来越多的名师将会在线授课，优秀的教育机构将会越来越多……也就是说，未来学生、家长、成人等群体在在线教育方面的需求是巨大的。另外，随着消费升级、三孩政策开放、年轻父母教育意识不断增强，高质量教育需求越加迫切，推动在线教育向"刚需化"转变，促使市场规模、用户规模不断攀升。

再就是，我国近年来对于互联网基础设施建设投入不断加大，宽带网容量提升明显，5G 时代的到来，更是为各类在线服务提供了坚实的基础。可以说，在互联网时代的背景下，在线教育注定会成为未来教育行业发展的重要趋势。

其次，在线教育自身优势明显。

与传统线下教育相比，现在人们越来越认可在线教育，因为学习者可以在线接受一些名师的授课，而且学习成本较低，学习时间灵活。这种运用互联网、人工智能等现代信息技术进行线上教与学的在线互动教育模式，越来越受欢迎，其把讲课过程搬到网上，对学员端无特殊要求，只要能上网，就能听课学习。

与线下教育相比，最明显的优势就是，不受地域的限制，这有效地解决了传统优质教育资源分布不均的难题，学生、老师不用亲临现场授课，节省多方成本。再就是，课程内容公开透明，便于回放，学生拥有充分自主选择权，也可利用互联网时代的碎片化时间课后温习。另外，结合大数据、人工智能、VR、AR 等技术，还能实现教学风格、授课内容、学生需求的高度匹配，可以充分激发学生的学习兴趣，提升学习效果。

最后，有国家政策的积极引导。

我国一直重视教育，而且近些年，国家在在线教育的发展方面也给了一些政策红利。例如，2018年4月，教育部发布《教育信息化2.0行动计划》，指出了推动教育信息化转型升级的重要意义。2019年9月，经国务院同意，教育部、网信办、国家发改委等11部门联合印发《关于促进在线教育健康发展的指导意见》，提出扩大优质在线教育资源供给，鼓励社会力量举办在线教育机构，推动学校加大在线教育资源的研发和共享力度，加快线上线下教育融通，构建扶持在线教育发展的政策体系。这无疑为在线教育的发展带来了多项政策利好。

当然，随着疫情期间对在线教育行业热捧，也出现了不少乱象，暴露了一些问题。作为一个新型的行业，它要得到持续、健康的发展，除了要加强自律，回归教育的本质，更要有长远的谋划，而不是为了短期应急，或是干脆成为"圈钱"的游戏。

在保证在线教育健康发展方面，固然有许多举措，但归结起来，关键是要做好以下3点。

（1）完善线上平台，提供良好学习体验

今天，在教育培训领域，有不少做得不错的企业，它们都有自己的线上平台，甚至还提出"原老师、原时间、原内容"的口号，将线下课程平移至线上。那如何搭建一个好的教育平台呢？一是做好全面的产品定位。若没有进行产品定位，胡乱地设计，那么设计出来的产品，自然就会让人感到不伦不类，让人摸不着头脑。二是做好全面的市场综合调查。例如，要认真分析市场发展环境，以及人们的需求等。三是功能要完善，不但要满足学习者的学习需要，还要带给学习者良好的学习体验。

（2）线下与线上结合，积极调整适应

从一线城市到三、四线城市，线下机构都在转型线上授课，多数低线城市用户首次大规模接触线上课程，这批用户对线上教育的认知就在这个阶段加速形成。对线下教育机构而言，要根据教学内容调整班型和课程时长，录播课程与直播课程的时间也要控制好，一般以半小时内为宜。隔着屏幕听课非常考验用户的专注力和自制力，将时间缩短增加频次也是给用户一个循序渐进的适应过程。

除了要调整每节课的授课时长，收费标准也要调整，如一个线下课时费用抵扣 2~3 个线上课时费用，与用户灵活协商，尽可能避免集中退费导致的现金流断裂。

因为线下、线上教学存在差异，教师也需要接受包括上下课流程、教学平台操作、教学互动反馈等方面的系统化培训，教师做好准备才能制作良好的教学内容。

重视线上教学服务，原有线下运营团队跟着将重心转到线上，做好课程前中后期的一系列服务，明确划分职责权限，让专业人员做专业的事。

（3）提升教学口碑与交互性

对于有一定技术和内容积累的在线教育机构，应当提升线上教育的质量，打造定制化差异化精品课程，丰富授课模式，提升交互性，利用新兴技术增加趣味性互动课。在线教育机构要利用好这个阶段，完成用户转化留存，积累应对需求增长情况的技术、内容经验，提升知名度和口碑。另外，要提升交互性，避免单一讲授模式、交互性差、忽视教育个性等问题，这样，才能提升吸引力与续客率。

从 2014 年在线教育崛兴，在线教育至今已经取得了长足的发展，从一定程度上解决了线下教育的一些问题。而疫情又让我们对线上教育有了新的认知：不论是教学场景本身的线上化，还是教学服务运营流程的线上化，都要回归教育本质。与此同时，它也给我们带来了新的思考：线上与线下融合是必然趋势，但"互联网＋教育"如何无缝连接，甚至超越线下教育呢？

技术赋能,线上教育的优点与劣势

随着在线教育的兴起,人们开始重新定义教育行业,它不再是传统的面对面教育培训,而是利用互联网带来的更广阔的世界观,它加大了社会化协同。在这个过程中,因为数字技术不仅改变了人的认知,也导致了教育的创新,教学思想、教学理念、教学组织形态、教学方法等都将改变。

所以说,数字技术的发展,不但改变了传统的教育方式,也赋能了线上教育。纵观我国线上教育现状,其与传统的线下教育相比,既有后者无可比拟的优势,也存在一些明显的劣势。对此,我们要性理看待。

(1)在线教育的优点

线上教育不但在一定程度上解决了线下教育的一些问题,而且还具备线下教育不具备的,非常明显的六大优势。

①整合优秀教育资源

中国人口众多,土地面积广阔,但是教育资源分布极不平衡。优秀的教育资源主要集中在大小城市,而且地区间发展的不平衡,也限制了教育资源的流

动,特别是一线发达城市,聚集了大量优质的资源。所以,在线下想让普通县城的孩子接受名校教育的授课,几乎是不可能的。即使可以,惠及的人数也极其有限。但是,在线教育完全可以改变这一现状,全国各地的学生,都可以通过网络享受名师的辅导。

所以说,在线教育有效地整合了优质的教育资源,甚至包括海外的教育资源,让学习者最快地了解国内外的学习动态。这也是中国在线教育行业快速展的一个原因。

②学习过程科学、高效

学习也是一门科学,盲目灌输知识并不可取。为了避免死板的面授带来的弊端,在线教育可以通过行为数据搭建科学的学习模型,为学生提供学习指导,这也是互联网最擅长的事情。

③学习不受地点限制

互联网的市场是开放的,不像线下培训一样涉及服务半径的问题,因此,因为地理原因造成的客户基数能够取得量级的越升,客户的数量不是问题。在线教育的发展,使人们可以直接在家里进行学习,将更多心思花在课程设计上。例如,职业技能培训,平时主要都是在企业学习,在空间上就会受到很大的限制,不利于教学进度的实施,而线上教育就能很好地弥补线下教育的这一缺点,人们现在只需一部电脑、一台手机,即可在互联网上进行学习,真正做到不出门即能学遍天下。

④即时学习,内容更新快

在线学习无须等待,就可以快速获取要学习的内容。只要能上网,就可以及时地开始学习,不浪费时间。而且无须担忧学习资料的备份和同步问题,因

为它们都在服务器上。再就是，学习内容的更新也会加快，只要有了新的学习内容，人们就能马上开始学习。

⑤学习成本低，性价比高

很多人热衷线上学习，一个主要原因，就是费用低。原因很简单，互联网课程的边际成本很低，老师可以一次讲授，终身收费，所以平台和教师更加看重的是用户的数量，即使单价很低，但是通过数量的巨大积累收入也是个很可观的数字。例如，网上经常会出现十几块、二十几块钱的课程，如果卖出去几万、十几万份，也会有几十万元、上百万元的收入，如此一来，讲师和平台都有利可图，自然就可以降低单个课程的成本，从而把实惠给到普通消费者。

⑥有助于教师提高自身素养

随着线上教育的发展，教师之间的竞争更加激烈，这从侧面督促了教师不断提高教学水平，使得学生可以学会更好的学习方法。再者，经过市场筛选的互联网课程是被大量消费者所认可的，虽然大平台筛选师资都有自己的标准，但市场的筛选机制是效率最高的，能很容易地把一些优秀的课程筛选出来。同时，在网络课程的平台上能够很清晰地看得到其他消费者的选择，让社会的学习动态更加透明。相反，线下教育则良莠不齐，各种培训机构充斥着市场，信息不对称，让消费者无从选择。

⑦可反复学习

在线教育可以让学习者反复学习，并有试学的机会，所以人们可以根据自己学习的需要，重听或重学部分内容，从而更好地掌握所学内容，并充分巩固学习效果。特别是对于重难点内容，通过反复重学，反复思考，来帮助学习者彻底地理解和掌握。再者，重复学习可以更好地复习和巩固所学的知识，避免

在课堂学习中容易出现的"学过就忘"的问题。

现在,在线教育还处于发展阶段,个性化教育的数据模型还未建立,虚拟现实技术也未完善,可以预见,随着行业越来越规范,以及其自身的不断创新,在线教育会体现出更多的优势。

(2)在线教育的劣势

与线下教育相比,在线教育的劣势也是很明显的,其主要表现在以下几个方面。

①地区发展不均衡

通过网络实现的在线教育,具体发展方面,我国地域差别比较大。受基础设施建设的影响,东部发达地区在在线教育开展的深度与广度等方面均优于西部欠发达地区,因此在相应政策制定上较难,在客观上造成在线教育的规范程序差。

②优秀人才紧缺

在线教育与传统的学校教育有着较大的差别,主要体现在教师与学生在时间与空间两方面的不同步性。在这种新的教学机制下,如何将传统教学的优点转移到以网络为载体的教学过程中,是一大难点。既懂网络技术,教学素质又过硬的人员很少。这就极大地影响了传统教学模式向网络教学的成功升迁。

③教学模式单一

虽然在线教育有了快速的发展,也吸引了众多相关从业者,但是从整体上来看,既懂教育,又精通网络的人才并不多,这直接影响了网络教学过程中作为教与学两方面的接口——课件的制作质量,造成了网络教学模式单一现象。比较单一的教学模式对学生的学习有很大的负面作用,主要体现在学生学习的

积极性、主动性变差，教师对教学内容的深度、广度把握不准，进而影响教学质量。

④教学交互性差

由于通过网络实现的教育教学过程，不要求教师和学生在时间和空间上严格同步，客观造成教学交互性差。有时通过直播授课，即使偶有互动，也只限于众多学生中的几位，整体互动效果还是不佳。在正常的教学中，如果学生不能对学习过程中遇到的问题及时提出疑问，或者即便提出来，教师却不能实时给予清楚明晰的解答，那么这将会极大地影响学生学习的效果与积极性。虽然网络教学过程中广泛使用了增强交互性的BBS、MSN等技术，但与传统教学过程中师生面对面的沟通相比，效果还不是很理想。

综上所述，作为一种未来重要的教育方式，线上教育会因自身具备的一些优点，而获得空前的发展，但是，它最终还是不能完全取代线下教育，更不可能脱离线下教育，所以线上教育与线下教育深度融合，才是未来行业的主流发展方向。

下篇 数字经济应用场景

第七章 / 智能医疗：数字经济下的新业态

在全球抗击新冠肺炎疫情期间，数字医疗产品极大地提高了防疫和医疗效率，推进了健康行业数字化改革。随着5G、大数据、VR、区块链、AI等技术的发展，数字技术不断与医药医疗行业进行深度融合，这将会促使智能医疗领域出现更多的应用场景及数字化解决方案。

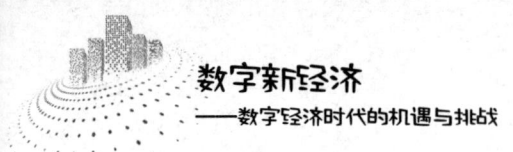

数字经济时代下,互联网医疗的"智能+"新特征

20世纪七八十年代,"赤脚医生"走遍天下,出诊时挎个小药箱,箱子里就是针筒、针头、体温计,还有一些青霉素、链霉素、甘草片等最简单的药品,这就是全部的家当。随着改革开放的进行,我国医疗条件日益改善,医疗设备日益先进。

如今,随着互联网技术等信息技术的迅速发展,在医疗行业出现了一种全新的业态——互联网医疗,它以互联网为载体,以医疗资源汇聚为手段,以医疗服务智能化为特色,这是医疗行业的发展新方向。随着信息技术的发展,近几年互联网医疗发展实现了迅猛成长,并与大数据、人工智能等新一代信息技术深度融合,呈现出"智能+"的新特征。

所谓"智能",就是要把人工智能、大数据等技术更多地应用到信息系统中。比如,患者可以自助问诊,提高线上复诊成功率;智能客服通过文字或语音,进行导诊分诊及解答问题;设立个性化健康管家,根据患者情况自动推送知

识或提示；智能显示，根据患者特点突出常用功能等。

相较于传统的医疗服务，互联网医疗最突出的特征就是"智能+"，这一特征主要体现在以下几个方面。

（1）实现远程医疗

近年来，随着我国互联网医疗的不断发展，信息技术在医疗行业的应用日益增多，不但有在线挂号、在线问诊、电子处方、医疗影像、辅助诊断，还有远程会诊、远程手术等，可以说，互联网医疗服务新模式不断涌现。

前线医生采集病例，影像资料实时上传，MDT 多学科专家会诊，确定最佳救治方案……这不是科幻，而是真实发生的场景——昆明医科大学第一附属医院 5G 智慧医疗创新中心曾通过"互联网+智慧医疗"技术对云南省传染病院一名新冠肺炎患者进行远程会诊。在远程会诊过程中，调取了昆医大附一院互联网云医院上的多次肺部 CT 影像，通过 AR 技术完成三维重建，专家们只需要戴上 AR 眼镜，就可以将二维图片立体化，360°高清立体呈现器官、病灶形态、细微结构，使得患者可以得到精准、个性化的诊疗。

（2）线上线下一体化

便捷性，体现在互联网医疗的诊前、诊中、诊后以及线上线下一体化，即诊前、诊中、诊后和线上线下的有效协同。我们现在处于互联网医疗的初级阶段，互联网医疗的相关信息系统会侧重实现最核心的功能，即医生和患者的线上交互，就是我们所说的在网上"看医生"，这是诊中部分，是诊疗活动的核心。但是患者要经历诊前、诊中、诊后各个环节，才能完成一次就医。这些环节有的可以在线上做，但抽血化验、影像检查等只能在线下完成。因此，如果我们的信息系统能够做到诊前、诊中、诊后的无缝衔接，使得患者线上线下就医的

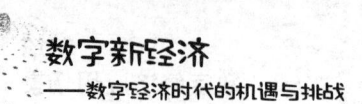

过程平顺转接，互联网医疗就可以发挥更大的作用。

如今，在线问诊、分诊导诊、上传个人病历资料等诊前各环节，结算、药品物流下单、随访、复诊预约等诊后各环节，基本上都实现了相应功能。比如，有的医院已开通线上开检查单和预约检查的功能，这就是互联网医疗从以诊中为主，向诊前、诊后延伸，实现线上线下一体化融合的做法。

线上线下一体化还体现在：将来会有更多的医院把线上医生候诊和线下医生坐诊等同对待。现在，线上医生和线下医生的最大区别是，线上医生以自己的业余时间、碎片化时间为患者提供服务，而线下是有排班安排、有特定出诊时间的。随着发展，将来，医院也会给线上医生排班，即医生在安排好的时间里在线上出诊。

（3）互通互联，信息共享

用过微信、支付宝的人都深有体会，起初微信只是社交工具，支付宝只是支付工具，但现在，我们可以通过它们点外卖、手机充值、生活缴费、叫网约车等，可以说，它们已不再是单一的社交或是支付工具，而是一个生态圈。这样的系统互联互通无处不在，不同的系统之间你中有我，我中有你，给我们带来了极大的方便。

当然，互联网医疗也离不开这样的互联互通。比如，一个有医保支付的高血压患者，可能会选择一直在线上看医生，医生开出电子处方，患者付费后，药品送到家；当患者有了新的症状，线上医生开出电子检查单，患者付费并在线上预约检查，到了预约时间就可以到线下实体医院做检查；检查结果出来后，系统把电子检查单发给线上医生，线上医生看了检查结果后，做出相关诊断，开出电子处方。在这个过程中，医院内部的信息系统，如电子病历、药房、检查、收费等业务系统要互联互通，同时还要与外部的医保、物流配送等信息系统互联互通。

还有一种互通，是医疗系统与区域卫生信息平台的互通。试想，如果各医院医疗系统与区域卫生信息平台联通，线上医生就可以在患者允许的情况下查看患者在其他医疗机构的就诊记录，充分掌握患者情况，会极大地提高线上诊疗的准确性和效率。当然，现在看来，这种互通实现起来还有些困难。

（4）均衡配置医疗资源

互联网医疗可以使资源配置更加合理。利用"互联网+"技术把医疗资源和医生智力资源配置到一些匮乏的地区，特别是一些偏远地区、中西部地区和农村地区，在一定程度上促进、改变资源不均衡的情况。例如，通过建立互联网医院，把大医院与基层医院、专科医院与全科医生连接起来，帮助老百姓在家门口及时享受优质的医疗服务。针对基层优质医疗资源不足的问题，通过搭建互联网信息平台，开展远程会诊、远程心电、远程影像诊断等服务，促进检查检验结果实时查阅、互认共享，能促进优质医疗资源纵向流动，大幅提升基层医疗服务能力和效率。鼓励医疗联合体借助人工智能等技术，面向基层开展预约诊疗、双向转诊、远程医疗等服务，推动构建有序的分级诊疗格局，帮助缓解人们看病难问题。

（5）重塑大健康管理模式

在"互联网+"的助力下，健康管理正逐步迈向个性化、精确化。通过建立物联网数据采集平台，人们可通过智能手机、平板电脑、腕表等移动设备或相关应用，全面记录个人运动、生理数据。通过建立健康管理平台，依托网站、手机客户端等载体，家庭医生可随时与签约患者进行交流，为签约居民提供在

线健康咨询、预约转诊、慢性病随访、延伸处方等服务，真正发挥家庭医生的健康"守门人"作用。借助云大物移等先进技术，居民在家中就可通过网络完成健康咨询、寻找合适的医生，并在医生的辅助下更好地进行自我健康管理和康复。

现在，作为弱周期、强监管的行业，互联网医疗虽然发展势头正猛，但是，一些制约其发展的痛点也显而易见。例如，医疗数据共享机制匮乏，在线服务与数据应用发展受限。再如，需求分析与场景体验有待优化。毕竟5G、大数据、人工智能等新技术在医疗领域的应用和创新依然处于探索阶段，健康管理、智能辅助诊疗等新模式和相关商业模式还不成熟。但总的来说，互联网技术在医疗领域的应用范围越来越广，使得医疗服务流程持续优化，整体服务效能不断提高，就医过程更便捷、更智能。

武汉大学中南医院"5G+AI"助力抗疫

2020年,在抗击新冠肺炎疫情的"战疫"中,武汉大学中南医院是最早的定点收治医院,以及重症、危重症救治医院之一。从疫情初期的及时反馈信息、部署院感防控、提前布局防护物资储备,到首批开通发热门诊,再到筹建管理武汉客厅方舱医院,进驻并管理雷神山医院,该院医务人员不负使命,成了这场"战疫"中的一支重要力量。

那在这场"战疫"中,武汉大学中南医院是如何借助5G+AI,赢得这场科技"战疫"的?

(1)借助5G网络,进行远程诊断

为了更有效地整合医疗资源,降低暴露风险,中南医院采用"本地检查,远程诊断"的模式,借助5G网络实现数据快速传输,依托"腾讯会议"实现多点会议讨论,各病区共同协同,极大提高了医院在整个疫情中的沟通协调效率。

除此之外,5G的技术还应用在武汉大学中南医院接管的雷神山医院"5G

远程 CT 协作平台"上，在远程 CT 协作系统的帮助下，"CT 原图"实现共享，会诊专家通过 5G 网络实时在 CT 影像上对病灶进行判断和标记。这也是在抗击疫情当中，5G 技术结合医疗远程诊疗需求完成的最新应用。在 2 个多月的战疫中，中南医院影像科先后为 2.4 万多名患者进行了肺部 CT 诊断工作。

（2）研发人工智能辅助诊疗系统

当我国抗疫工作取得阶段性成果，各地企业陆续复工复产时，新冠肺炎疫情仍在全球多个国家蔓延，这时，既要预防境外输入病例，又要防止聚集性传播风险。所以，中南医院影像科徐海波主任团队一刻也没有放松，他们一边坚守工作岗位，一边与腾讯医疗觅影团队开展了更加深入的合作，在原新冠肺炎 AI 筛查的基础上，共同开发新一代新冠肺炎人工智能辅助诊疗系统。

该智能辅助系统能够在 30 秒内提示是否有新冠肺炎风险，并依照病人的病情自动分割病灶，有效缓解了放射科医生面临的诊断压力，并有效地进行了患者诊断分流，而且减少了病人滞留院内的时间，降低了交叉感染的风险。在全球抗疫过程中，该团队积极输出中国经验和 AI 能力，助力当地疫情的诊断和控制，为全球疫情控制作出了积极的贡献。从疫情发生以来，医院以一线疫情防控救治为导向，全力投入，打满全场。在疫情防控最吃紧的阶段，最高峰时统筹安排了 4 个医疗点近 5400 张床位用于新冠肺炎患者的救治，是武汉市收治新冠肺炎患者人数最多的医院。与此同时，积极组织多学科力量开展临床研究科技攻关，谋划国家级高层次科技创新平台，并应用"5G+AI"智能诊断系统，大幅提升了基层医院的准确诊断率和效率。可以说，在科学抗疫中彰显了中南精神、中南智慧、中南担当。

"江苏健康通"打造新冠肺炎智能问诊工具

入选"工信部 2018 年大数据产业发展试点示范项目"

在平时生活中有大量患有轻微感冒症状的人,由于感冒的一些症状与新冠肺炎非常相似,为了发挥互联网诊疗咨询在疫情防控中的作用,江苏省卫生健康委员充分发挥了"江苏健康通"的智能问诊功能,"江苏健康通"既是一款App,一个问诊工具,也是提供互联网医疗健康服务的统一入口,还是江苏省卫健委向公众提供优质医疗服务,改善就医体验的全新移动医疗产品。

在这个 App 中,汇聚了全省所有互联网医院的服务资源,是江苏省的医疗大数据平台。用户下载"江苏健康通"App,进行实名注册后,如果想咨询有关发热、咳嗽、全身无力等症状方面的问题,可以先搜索相应的医院,然后通过图文问诊,或是视频问诊的方式向医生发起在线咨询,享受与发热门诊同等的诊疗咨询服务,根据医生的问诊建议,再决定下一步怎么做。即,它是一款集门诊挂号、医院导航等服务功能于一体的手机软件,为患者用户提供了智能化的掌上就医服务。

这款App主要有两大亮点。

（1）用户可自诊自测

在疫情期间，江苏健康通上线新冠肺炎智能问诊工具，江苏全省居民可在家自诊自测。通过预先设定好的规则逻辑判断，快速采集患者的症状类型、症状时长、接触史等信息，并根据患者给出的信息推送医生推荐的智能答案。

这个小工具缘何如此神通广大？

原来，它在已有的智能疾病自测工具基础上，有针对新冠肺炎设计详细的疾病知识库体系，并根据实时同步的新冠肺炎国家诊疗指南提取常见症状和诊疗方案，形成问诊路径和诊疗路径，为居民提供标准的自诊流程。现在，这款App链接了多家医疗机构和公益平台，免费帮助众多居民和疑似患者完成自助筛查工作。

（2）数据自动上报与实时展示分析

通常，传统的区域医疗大数据平台只提供问诊数量、就诊数量、绩效考核等数据统计分析工具，缺乏对疫情的数据监测和对疾控的关注，特别是类似于新冠肺炎的这种突发性疾病。与之相比，"江苏健康通"增加了两个新的功能：一是数据自动上报。这样，卫健委就不用再去手工统计医疗机构上报的数据；二是实时的展示与分析。包括省内确诊人数、观察人数、外省归来需隔离人数、疾病的地理分布、各地区病例的增长速度等关键指标，这样，卫健委可以第一时间知道哪些人群需要重点关注，并及时跟进，针对不同人群进行深入管理。

"江苏健康通"围绕互联网诊疗的事前、事中、事后3个阶段，对医疗机构、执业人员、诊疗、护理、处方5个方面十几类服务行为进行监管。医生的每一次问诊,开出的每一张处方,护士上门服务的每一次记录,都可以在系统上查到。通过预警系统,可及时干预违规行为,保障医疗安全。

可以说,一款小小的智能问诊App,不但突破了医院"院墙"的限制,让信息多跑路,患者少跑腿,而且实现了互联网医疗健康服务全流程监管。

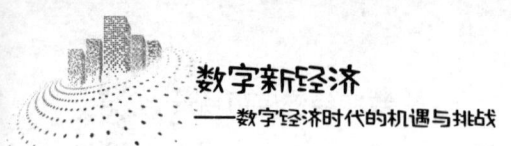

碧拓科技红外测温分析助力城市守住第一道大门

2020年,在抗击新冠肺炎疫情的过程中,政府各部门、医疗机构、企业单位等各条战线全面出动,齐心协力,与时间赛跑、与疫情抗争。突如其来的新冠肺炎疫情对我国的公共卫生应对能力带来挑战,为此,越来越多的黑科技投入其中,成为战"疫"中的重要力量。红外热像测温系统便是其中之一,因具备快速而准确的体温检测功能,且方便无创伤、安全无辐射,它在防疫过程中得到了广泛应用。

特别是新冠肺炎疫情暴发初期,有些地方疫情防控物资紧缺。在国务院应对新型冠状病毒感染的肺炎疫情联防联控工作机制的文件中,要求各省、自治区、直辖市人民政府及交通运输部,将红外体温检测仪及配套零部件等产品纳入疫情防控重点物资生产运输保障工作。

体温检测是判断新冠肺炎的重要手段。时值春运期间,全国各地机场、火车站等区域人流密集,在人群中快速寻找并锁定超温目标非常困难。这时,红外测温设备就派上了用场，它可以实现非接触、远距离、大面积检测，且响应速度快，识别度高，能确保不遗漏目标，所以它成了防疫工作必不可少的设备。比如，为防控疫情，上海虹桥枢纽利用红外热成像体温检测仪测量体温超百万人次，发现体温异常近百人。由此可见，红外测温应对大规模人次的体检测温非常有效。

依据国家标准《GBT 19146—2010 红外人体表面温度快速筛检仪》的要求，在规定工作环境中，仪器的试验误差应不大于 0.4℃。但部分传感器由于设备老旧、算法未更新，无法准确控制测温精度。所以，红外设备的测温精度至关重要。

北京碧拓科技专注于全球 DITI 数字红外热像（Digital infrared thermal imaging）医学影像 AI 研发，为医疗企业提供体检早筛、疼痛辅助诊断、经络识别等 AI 引擎服务，提供预防医疗解决方案。比如，人体疾病早期，往往温变早于病变，功能变化早于病理变化，DITI 可以检测出细微的人体温度变化，提前预测疾病风险。该公司与国际知名的红外专家长期合作，通过大量的 DITI 临床研发，在医疗人体的热力学算法方面具有相当的优势。

在新冠肺炎疫情发生后，碧拓科技凭借在医疗临床测温领域和医学影像计算领域的优势，第一时间研发体温监测算法，调配产业链中部分友商测温设备，给需要的设备调优测温算法，纠正温漂，大幅减少部分老旧红外测温设备实际应用时的误差和漏检，提高了测温精准度。

在算法调优上，除简单测量裸露在外皮肤的最高温度外，在现有的 AI 技术基础上，碧拓科技的产品能获得面部多关键点的温度分布，同时与耳温数据进行对比，然后通过 AI 算法测算出人体体温。算法中温度采集点阵不依赖口

罩遮挡的口鼻域，通过多点综合估算体温，大幅减少了环境因素的干扰，保证了检测的准确率。

碧拓科技的产品不但能帮助医生提高检查和阅片效率，还能让非专业医生在短时间内学会并为患者讲解，其提供的便携式 DITI 智能硬件还能大幅降低设备费用，为基层普惠预防筛查创造条件。

在这次疫情中，包括碧拓科技测温分析仪在内的众多数字化解决方案的应用，在整合医疗资源、提高工作效率、避免交叉感染等方面发挥了重要的作用。

心医国际远程医疗云平台打造不同场景应用

近几年，政府大力推广远程医疗，它可以通过信息化手段，将位于不同地区的各级医疗机构和医生连接到一起，提高了专业医疗资源利用率。特别是在疫情期间，由于新型冠状病毒传染性极强，面对面会诊存在一定感染风险，故远程医疗一时成为刚需。

作为医疗机构，疫情期间，其核心任务就是从茫茫人海中迅速找出感染者，并对其进行及时的隔离和治疗。而我国优质的医疗资源主要集中于城市，基层医院和医生防控疫情的能力严重不足。所以，国家一方面派遣优秀的医疗机构与团队深入抗疫前线，另一方面通过远程医疗的方式调配医疗资源，补充基层能力短板，加强整体防控能力。

这个时候，心医国际及时推出了"抗疫极速云平台"，它不但帮助医院实现了疫情期间的云会议、云会诊、云宣教、云问诊，而且还有效补充了基层医疗资源短板，避免医患交叉感染，在抗疫中大显身手，有力地支援了基层的疫情防控工作。

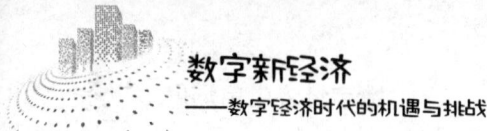

作为远程医疗行业的领导者，心医国际深耕相关领域多年，并且非常重视发展云服务业务，提供诊疗、教学、科研、管理等多维度医疗云服务应用，通过微架构服务体系部署在统一的云服务器中，可以根据所需调用不同服务。

"远程医疗云平台"主要分为两块：一块是自有的核心云平台，一块是分布在全国各省市的云平台。医疗管理部门、医院、医生个人等三大类主体拥有不同权限的账号，可在PC、移动端、投影大屏等全终端使用相应服务。由于心医国际云平台功能完善、业务覆盖范围广，在这次疫情防控中发挥了重要的作用。例如，助力全国多地的卫健委搭建远程疫情防控云平台，服务的各级医疗机构超万家，服务医护十几万人次，连接众多的隔离病区。

过硬的服务能力和庞大的资源网络，切实保障了心医国际云平台完美实现多个场景的运用，如其整合了"云会议""云会诊""云培训""云影像""云问诊"服务，使其应用于如下几种场景。

（1）管理调度与医护人员培训

在疫情期间，卫健委经常需要进行基层防控统一指挥、统一部署，以高效地调度各地的医疗资源，并使期效能最大化。对于如何预防、治疗新冠肺炎，几乎所有的医生都需要接受相关的专业培训。平台组织省级及国家级专家防控教育与培训，加强基层防控意识、防护能力及治疗水平，任何时候，只要用户登录云平台，便可以方便、快速地学习相应的课程。

（2）多区域会诊协同

通过远程医疗，隔离区的医生可以将病人的视频、影像等资料传送至专家面前，获得专业帮助。清洁区的专业医生则可以在提供专业意见的同时保存有生力量，减少医务人员感染风险，同时节省防护服等稀缺资源。

（3）治愈患者出院诊断

患者在被治愈后，需要符合多个标准才能出院，其中包括专家诊断。专家通过云平台参加远程会诊，可以灵活方便地处理事务，提高整体流程效率。

（4）患者云影像诊断

疫情中感染者大部分是轻度患者，基层医生可以随时通过云平台将患者的医疗影像传给专家，专家无论是工作时间通过 PC 端，还是在出差、家中通过移动端，都可以快速阅片、提供诊断意见，基层医生依此实施救治。

（5）多院区多学科会诊

由于平台支持高并发的特性，其可支持多家医院、多个科室、多位医生的联合会诊，为优质医疗资源精准高效下沉提供便利。例如，通过云平台，一线的医生可以与远在千里之外的新冠肺炎救治专家组专家一起为重症患者进行远程会诊，共同为患者制订最佳的诊疗方案。

在防控疫情期间，不但心医国际的云平台产品表现出色，而且其提供的 B2C 产品"极速问诊"也备受好评。极速问诊产品主要部署在医院内，由医院向患者提供从咨询到诊断的闭环服务，疑似病例得以初步分流，轻度患者无须出门即可解除担忧，同时减少交叉感染的概率。除此之外，它还能为有需要的病人提供一些愈后心理辅导。

如今，心医远程医疗平台整合心医国际远程会诊多年运营经验，定义全新远程会诊闭环管理控制流程，根据国家标准及用户需求不断迭代创新，以引领远程医疗产业的智慧变革，赋能数字健康。

下篇 数字经济应用场景

第八章 运输物流：数字技术助力降本增效

随着智慧公路、智能铁路、智慧枢纽、智慧机场等概念的推出及方案的落地，数字化正全方位重塑交通运输业的形态、模式和格局。尤其是物流大数据的应用，不但使物流企业降本增效，而且让物流企业可以觅得更多新的商机。不可否认，数字技术正在成为物流行业最大的福利。

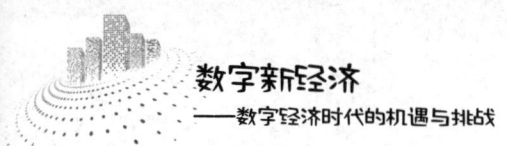

大数据和算法为交通运输与物流业赋能

自 2015 年以来,国家各级政府机构出台了鼓励物流行业向智能化、智慧化发展的政策,并积极鼓励企业进行物流模式的创新,主要方向包括大力推进"互联网+"物流发展。发挥互联网平台实时、高效、精准的优势,对线下运输车辆、仓储等资源进行合理调配、整合利用,提高物流资源使用效率,实现运输工具和货物的实时跟踪和在线化、可视化管理。

如国务院办公厅《关于深入实施"互联网+流通"行动计划的意见》中提出,鼓励发展分享经济新模式,激发市场主体创业创新活力,鼓励包容企业利用互联网平台优化社会闲置资源配置,扩大社会灵活就业。

交通运输与物流业是一个具有超强关联性的行业,其主要特点是移动的随机性和地域分布的广泛性,新一代信息技术很好地契合了这些特点,它通过采集、处理、挖掘、输出多种与人、车、企、路的数据,可以有效地为物流行业赋能——赋能的价值大小,直接取决于数据来源的丰富性和广泛性。特别是大数据与算法,其直接影响着数据能为企业提供的服务,并推动着交通运输与信息化的深度融合。

这种服务与深度融合主要体现在以下几个方面。

(1) 主动干预道路拥堵

比如，公路货运一直是物流的主力，这种运输方式存在的主要问题是"多、小、散、乱"，多数货运车辆没有固定的运营线路，流动性很高。在这种情况下，为了增加每次运输的利润，经常会出现货车超载、超速，甚至是疲劳驾驶。那货车司机如何降低空驶率呢？这时，大数据与算法会给出最佳的运输方案。

例如，一货车上午10：00，驶入某市高速收费站A，人工智能算法实时基于大数据对该车行驶路径进行预测，经过分析认为，该车将从B驶离，行驶时间约为半个小时。而一旦道路车流量增加，系统就会自动判断拥堵路段车辆主要来自哪里，并预测这辆货车未来行驶路段的拥堵情况，随即生成主动控制策略，发布拥堵情况、行程时间、绕行方案等信息，通过车道信号控制设备，让这辆货车从最近的道路驶离绕行。

以前，在处理堵车方面的问题时以事中控制为主，即已经发生了拥堵，才去想解决的办法。如今，可以运用大数据主动干预道路拥堵，开发的智能系统更是包括了信息采集、存储、传输、大数据分析与预测、交通控制策略智能化自动生成、终端控制等多个环节。

(2) 让运输企业降本增效

面对不断增加的各类交通数据，构建大数据平台，并为大数据应用提供数据处理分析功能，不但可以预判拥堵情况，还能让公路运输降本增效。

当前，我国拥有全球最大的物流市场，全国物流80%的货运量、50%的运输成本都来自公路运输。与巨大的公路物流市场相对应的是，中国高度碎片化

的公路运输体系,严重制约了公路货运发展。如今,大数据、人工智能等数字化手段,已经开始赋能公路货运,原有交易模式、业务流程得到优化,有效地解决了效率和成本问题。

2017年12月,综合交通大数据应用技术国家工程实验室贵阳研发中心正式成立,通过大数据、人工智能等技术,研发的智能运力调度和交易系统,使货车的空驶率下降了15%~20%,司机收入增加了30%,配货时长从原有的2.27天缩短至0.38天。

(3)推动智慧物流发展

智慧物流是物流的发展目标,而大数据能够支撑智慧物流的发展,物流行业与企业只有利用好大数据,才能够真正从中受益。

什么是智慧物流?

智慧物流是利用集成智能化技术,使物流系统能模仿人的智能,具有思维、感知、学习、推理判断和自行解决物流中某些问题的能力。也就是在流通过程中获取信息从而分析信息,作出决策,使商品从源头开始被实时跟踪与管理,让信息流快于实物流。简单来说,就是通过RFID、传感器、移动通信技术等让配送货物自动化、信息化和网络化。

智慧物流与强调构建一个虚拟的物流动态信息化的互联网管理体系不同,它更重视将物联网、传感网与现有的互联网整合起来,通过以精细、动态、科学的管理,实现物流的自动化、可视化、可控化、智能化、网络化,从而提高资源利用率和生产力水平。

(4)驱动电商物流变革

电商物流是如今物流行业的发展热点。放眼未来,与大数据的结合是电商物流发展的必然趋势。在大数据时代，由于物流业的应用特点与大数据技术有较高的契合度，在主客观条件上也有较高的应用可能性，其是未来大数据时代赢家之一。所以，物流企业特别是电商物流企业要高度关注大数据时代的机遇。

通过互联网技术和商业模式的改变，可以实现从生产者直接到顾客的供应渠道的改变。这样的改变，从时间和空间两个维度都为物流业创造新价值奠定了很好的基础。未来，我们将会看到，过去的全国配送中心会逐步演化成个性化订单，从顾客的需求向上推移，促使整个配送模式的改变。电商物流企业要想更好地发展，需注重两个方面的建设：一个是物流仓储平台建设，另一个是物流信息平台建设。特别是物流信息平台，它要能根据以往的快递公司的表现、各个分段的报价、即时运力资源情况、该流向的即时件量等信息，进行相关的"大数据"分析，提供优化的线路选项，并对第三方物流公司进行优化组合配置。然后，系统将订单数据发送到各个环节，由相应的物流公司完成。

（5）促进公路运输整合

大数据时代要求传统物流产业发生变革，在运力整合方面未来也将会发生诸多变化。物流运输企业的运力基本上都是由3个部分组成：自有车辆、签约承运商、临时租车（业务量大时）。以前主要以合约的模式，在线下组织车辆和运力来完成业务。未来在大数据时代，将走向平台，走向社会，面向社会整合运力，而整合的内容主要包括时间、空间、管理和服务。

大数据时代的运力生态圈将是一个平台，但又不只是一个平台，而是由很多个平台组成的一个系统、一个生态体系，处于生态圈中心的是社会运力池。比如，现在的车辆都要装卫星定位系统，该系统的运营商自然会有大量运力客户，这么多的车辆在一起就会形成一个社会运力池。这个运力池存在大量的、

功能型号用途各异的车辆，车辆的数据也在其中，通过大数据进行拆分整合、分析，就可以知道这些车的优点缺点、线路时效等。

回想到这几年物流行业的快速发展，随处可见的大物流、大流通、新物流、新渠道、新零售、无界零售等，它们成立的前提都是数据应用，是数据的变现与数据沉淀的结果。

"京慧"助力京东实现供应链数智化转型

在 2020 年 11 月 25 日举行的京东全球科技探索者大会上,京东物流发布了物流科技产品"京慧"。"京慧"依托京东物流大数据、智能算法及多行业场景积累,为企业提供供应链解决方案,帮助企业实现供应链数智化转型。

以"京慧"物流控制塔为例,传统的供应链管理模式中,企业往往将供应链管理的精力聚焦在库存计划上,而忽视了物流计划。"京慧"物流控制塔方案,可以与"京慧"的供应链规划和计划方案无缝衔接,提供真正端到端的一体化解决方案。

"京慧"是京东物流倾力打造的数字化供应链平台型产品。重点深耕供应链规划设计、供应链计划管理和供应链执行管控三大领域,基于海量数据的智能决策技术,依托领先的数据算法和科学的决策模型,为企业提供大数据、网络优化、智能预测、智能补调以及智能执行等一体化服务,具备全链条场景覆盖、全渠道客群服务、多行业解决方案、灵活部署方式、敏捷交付能力以及企业级用户体验六大亮点。帮助企业通过量化决策和精细化运营实现降本增效,助力

中国企业的战略转型。

对许多电商及物流企业来说,供应链管理一直以来都是其产供销过程中面临的主要挑战,特别是2020年,突如其来的疫情迫使更多的企业不得不进行供应链转型升级。那如何进行供应链的数字化和智能化转型呢?这是一道摆在企业面前的难题。

过去,几乎所有电商都依靠订单驱动的模式,即基于代理商订单驱动计划,再传递到工厂排产。这种模式之下,遇到促销、上新等营销场景,难以对经营进行预测,为了不断供,只能加大库存,这样就很容易出现一个问题,即渠道库存周转时间长。而且,整体低效的手工计划流程也大大限制了业务的增长步伐。

"京慧"让这一局面有了彻底的改观。它将企业原先的订单驱动模式变为需求驱动的库存计划,基于物流科技产品智能预测渠道的精准库存计划指导工程生产,通过智能预测指导精准备货,不但能够使库存周转大幅下降,而且也能够缩短现货交付时间。

例如,京东物流承接了某企业全国所有成品的仓储物流业务。京东物流通过大数据智能算法能力,不仅为该企业定制了销量预测与智能补货调拨系统,还承接了企业供应链分销计划工作。京东将大数据、人工智能与该企业独有的商业逻辑紧密结合,在"京慧"的支持下,通过全链路数据可视化帮助该企业打造了商品布局、销量预测、智能补货与调拨系统、库存健康诊断系统等定制化方案,为企业提供一站式的供应链数据服务。如此一来,成功帮助该企业实现了供应链转型。

"京慧"缘何如此神通广大?原因有二。

(1)"京慧"充分挖掘了一体化供应链潜力

"京慧"围绕实时数据、分析诊断、销量预测、智能补调,以及轻量化小工具等方向为客户提供标准化的服务模块,通过物流数据感知业务运转,打通订单、库存、配送、商品等数据,实现实时运单流转、库存、配送、销量分布等核心指标监控功能。依托京东物流的数据分析能力和客户特点,京慧以"仓配"为核心,为客户提供行业、库存、布局和商品4个维度的深度分析,同时结合历史销售数据,为客户提供预测未来销量的智能决策工具。

除此之外,"京慧"还为商家提供智能补货以及滞销处理功能。其"慧·补货"功能可为商家提供智能高效多场景且简便易用的补货决策工具,这个功能支持分仓和预测两种补货方式;"慧·清滞"则可找到存放在仓里的"问题商品",智能输出处理建议,对连续滞销和重点清理品着重处理。

(2)不断优化升级,数据算法领先

对很多电商来说,库存的商品数据很大,每天都要花费很长时间手工计算进销存数据和库存周转水平,这种方式监控效率低、耗时长。"京慧"可以彻底解决经营分析和实时仓储带来的难题,可帮助客户大幅压缩库存周转天数,极大地减轻了电商的压力和成本。

"京慧"根据客户的具体需求,结合精准科学的数据模型,不断进行优化提升,始终坚持为中小企业提供精准、高效、专业和全面的供应链服务。在提供透明化、智能化、多维化、精准化服务的同时,"京慧"还注重产品的简易化,致力于为客户打造更加便捷易用的供应链利器。

目前,"京慧"已助力超过几万家客户实现了供应链升级,涵盖了多个行业几十个品类,客户数量不断攀升,客户类型不断丰富。

随着物联网、大数据、人工智能等技术驱动着数字经济的发展,供应链数字化转型已成为电商的必然选择。"京慧"作为京东物流的数字化供应链产品,基于海量数据的智能决策技术、依托领先的数据算法和科学的决策模型,将为多行业、多类型企业提供集供应链管理和执行的全方位平台服务,有效地助力企业实现供应链数字化转型升级。

深圳机场集团数字化转型的挑战与逆袭

2018年，深圳机场立足国际航空枢纽发展新定位，在国内民航系统中第一个全面系统地开启数字化转型。在没有成熟经验可鉴和先例可循的情况下，秉承深圳城市创新基因，发扬"敢闯敢试、敢为人先、埋头苦干"的特区精神，以数字化转型驱动智慧机场建设，引领"四型机场"高质量发展，进行了一系列大胆探索，如今，深圳机场集团已经走过了3年的数字化转型发展历程。

机场是一个传统行业，机场数字化转型没有标准模板，也没有可借鉴的成熟经验。在推进转型过程中，主要的挑战来自3个方面。

首先，是怎样统一认知。

在要不要转型，如何转型问题上，深圳机场首先得让集团高层达成共识。为此，董事长亲自主导集团董事会重大调研课题，并成立了集团董事长为组长的转型领导小组，经过反复研究讨论，使高层在认知上达成了一致，坚定了数字化转型的战略决心。接下来，要解决好业务部门和IT部门的认知问题。公司聘请了国内顶级的管理咨询团队，帮公司培养了100名数字化转型人才。同

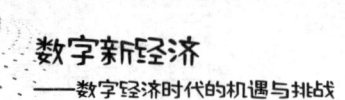

时强化培训、强化宣传、营造转型氛围,最终形成了共同参与、共同推动的局面。

其次,如何把握转型幅度。

在确定了要转型之后,摆在深圳机场全体员工面前的又一道难题是:数字化转型是选择单项业务、单一架构、单一系统来进行转型,还是选择全业务、全流程、全系统的全面转型呢?经过分析研究,决定选择从整体规划、业务解决方案、系统架构、治理体系等4个维度来全面推进转型。

例如,在整体规划方面,公司对组织架构、业务领域、信息系统和运行流程等情况进行了全面梳理,并在此基础上系统规划了转型的一张蓝图。再如,在系统架构方面,公司对现有信息化系统进行全面整合,建设云网协同的一体化ICT基础设施,打破内部信息壁垒,实现数据的共融互通。

最后,怎样实现一体化。

为了让技术架构一体化、业务系统一体化、规划建设运维一体化有效落地,深圳机场采取了3项举措。

一是实施IT组织变革。按照统一规划、统一建设、统一运维的思路,将分散在集团各个角落的IT组织和人员进行整合,组建集团数字化管理中心,对数字化工作实行集团一盘棋、一体化管理。

二是按照蓝图,分三期来有序地开展实施。一期目标主要是"打基础、建平台、补短板";二期目标主要是"建体系、聚生态、上应用";三期目标主要是在全面评估一、二期的成效基础上,以卫星厅投运为目标来实施。

三是采取组合式建设模式,来加快建设进度。一期项目采取三总包建设模式,即总设计、总承包、总监理,二期、三期计划采取"总包、委托代建和自建"

组合建设模式，在确保需求统一、技术路线统一的同时，大幅缩短项目的建设周期。

近 3 年的数字化转型实践与智慧机场建设，概括起来就是 6 个"新"。

（1）理念新

深圳机场坚持示范引领的理念，以"打造数字化的最佳体验机场"为愿景，保持适度超前，智慧机场建设蓝图逐步兑现。

①树立整体变革理念。全面导入数字化模型，对智慧机场建设方案进行整体规划，推进组织、体系、流程以及业务模块与团队能力的系统变革。

②坚持战略引领理念。将智慧机场确立为"客、货、人、城、智"五大战略之一，并使其成为机场集团战略实施的有力支撑。

③践行精品工程理念。集团提出高质量、高标准的建设要求，坚持"干一件成一件，成一件受益一片"，坚持大投入、大建设，打造"精品工程"。

（2）蓝图新

深圳机场以"打造数字化的最佳体验机场"为愿景，依照"统一规划、统一建设、分步实施"的原则，分布适度超前的新 ICT 基础设施，有效实现资源、数据、应用的整合，从而构建起"大安全""大运控""大服务""大理念"业务体系。

（3）平台新

从"打基础""建平台"开始，搭建了 1 个集成平台与 5 个通用平台（大数据、视频服务、融合通信、地理信息服务、物联网），这两个平台已运行数十个应用系统。集成平台使各类不同的业务以统一、标准的方式进行数据交互，同时支撑多种新的业务功能需求与流程。

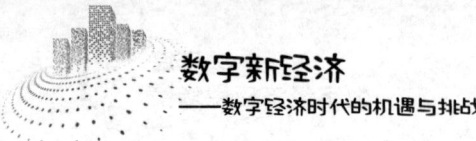

（4）技术新

技术新主要表现在：利用人工智能技术，实现生产工具的高度智能；利用大数据技术及算法，提升各个系统的运行效率；使用先进的 5G 技术，使各生产要素实现快速连接。

（5）模式新

这里的模式是指探索模式，它的"新"表现在以下几个方面。

①进行 IT 组织变革。在集团层面创建数字化管理中心，实现规划、建设、运营、维护的一体化。

②推进建设模式创新。通过采用组合式创新模式，在项目实施中引入"总设计、总承包、总监理"，在建设中实行"委托代建"与"架构看护"，在采购中坚持"招大标、招大商、招优商"，这些举措有力地促进了建设效率。

③实行共建共享共用。深圳机场与政府相关部门、航空公司等合作，倡导项目共商共建，实现成果共享共用。

（6）成效新

深圳机场以"智"提"质"，通过智慧机场建设，形成了一批示范项目，有力提升了发展品质。如，民航电子临时乘机证明，目前已被推广至全国的许多民用机场；机位资源智能分配项目被国际航协（IATA）发布推广；建成全球首个"智慧机场"主题展厅；"打造数字化最佳体验机场"项目荣获"全国质量标杆"；在行业内率先推进信息系统设备安全可控的国产化替代进程；航班放行正常率连续 29 个月突破 80%，创历史纪录……所有这些，都树立了非原生数字化企业和大型机场数字化转型的成功案例。

从概念到落地，深圳机场作为国内数字化转型和智慧机场建设的"先行者"，

努力为全国民航行业做探索、做标杆、做示范。深圳机场的数字化转型，对于中国机场业甚至整个民航业深度拥抱数字化、推进数字化转型提供了宝贵的经验，对中国民航的数字化转型升级以及高质量发展，提供了一个绝对不能错过的标杆案例。

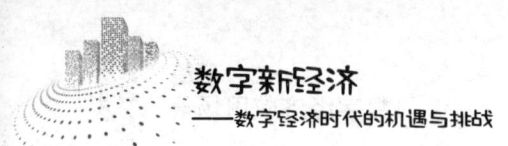

某物流集团用数据驱动企业数字化转型

在数字经济时代,企业越来越像是由数据构成的一个有机生态,故数据驱动的创新已经成为传统企业数字化转型的核心动力。也就是说,企业要想有良好的发展前景,好的商业模式,甚至要推出一款好的产品与服务,都离不开用数字驱动的创新。对高科技企业如此,对传统企业亦是如此。特别是物流企业,一定要学会正确面对数字经济时代带来的各种挑战。当然,应对挑战的最好方法,就是进行数字化转型。

××××公司是一家大型多业态物流集团,主营业务有物流、新零售、航运、跨境电商等。在物流行业竞争格局加剧,行业加速数字化转型的今天,该集团与国际领先的管理咨询公司合作,结合大数据与智能算法,用不到两年的时间,走出了一条以数据驱动的企业数字化转型之路,成为行业的美谈。

在进行数字化转型前,集团内部各业态之间相对独立,各业态的用户、订单、支付、产品、服务数据不能共享,所以经常出现业务不协同等问题。集团高层

深知多板块融合协同的重要性,为了打通各业态之间的数据通道,专门成立一个负责数字化转型的部门,来推动整个集团数字化转型。

转型后,集团打破原有的组织结构壁垒,各业态的数据实现了共享。这样,集团可以将上百个业务系统的业务数据汇聚在一起,并通过大数据分析、计算,不断发现新业务,创新产品与服务,验证新想法,从而驱动业务的快速迭代。与此同时,它还解决了集团日常经营管理中的一些痛点,并为集团打造数字化智慧物流网络的战略愿景的实现提供了有力支撑。

下面,简要介绍一下该集团的数字化转型方案。

(1)实施单位

××××集团有限公司。

(2)实施时间

201×年3月,启动项目调研;

201×年5月,完成整体规划;

201×年11月,数据资产创新平台初步完成;

201×年12月,进行系统运营测试;

202×年2月,向所有业态开放。

(3)实施步骤

整个项目的目标是,构建一个企业级的数据资产平台,梳理清晰整个集团的数据资产,并借助数据和智能的算法,在数据资产中发现新的业务价值点,创新产品和服务,从而构建数据驱动的数字化转型。

数据驱动的数字化转型是一个体系化的工作,从理论体系、平台工具、数据、组织、机制5个方面,进行了以下工作。

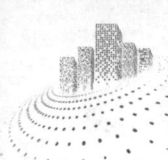

①梳理企业级数据资产

识别、定位、梳理出集团的数据资产目录,清晰、有体系地组织利用企业的数据。

②制定精益数据级数据治理体系

总结管理职责、数据标准、数据质量、挖掘利用、安全规范、数据集成各方面的痛点,打造组织、管理、技术和执行4个维度的精益数据治理体系,建立持续的数据资产保障机制。

③打造企业数据资产平台

分阶段,分步骤,快速迭代,打造企业数据资产平台,实现数据的获取、存储、探索、分析、利用全生命周期价值。为企业的各角色提供对应的数据服务。

④创建数据分析团队

建立以业务分析师、数据分析师和数据工程师为核心的数据组织,持续挖掘、产生数据洞察。

⑤建立数据驱动的创新孵化机制

结合该集团的创新孵化投资体系,建立数据驱动的创新孵化机制。

其中,精益数据资产管理的远期目标是:构建一个高质量、开放、协作的数据价值生态,让企业的生态相关方都可以在这个价值生态中获取、贡献数据,并利用数据探索业务创新与落地。而企业数据资产平台则是这个目标的技术支撑和实现。

对××××集团来说,每一种业态都是数据驱动的板块,所有的决策,产品的设计、研发、生产、销售都会基于数据来进行。可以说,经过数字化改造后,整个集团就是一个大的数据工厂。这个工厂的原材料就是内外部的源数据，源数据通过数据资产平台，在内部各个业务部门与板块间流通。集团利用数据探索、数据分析等方法，尝试进行各种新产品的研发与服务的创新。如果创新研发成功，那么这就变成一个产品的设计方案，然后将方案交由某个部门执行。整个过程，都会由相应的人员进行整体的监控和管理，来确保数据的质量，产品的生产过程，最终服务和应用的交付质量。

有了这样一个数据资产创新平台，该集团的客户、技术人员、数据分析师、数据提供者、数据使用者等，可以在自己的权限内，进行数据分享与协作。

××××集团在数字化转型的过程中，成功构建了数据价值的生态，打通了过去的数据壁垒，解决了日常经营管理方面的诸多痛点，构建了适合于这个行业的业务人员的易用的数据挖掘分析工具平台。与此同时，该集团能够基于大数据实现业务创新，且持续在数据中找到了多个业务价值创新点，这无疑极大地提升了企业的竞争力与发展潜力。

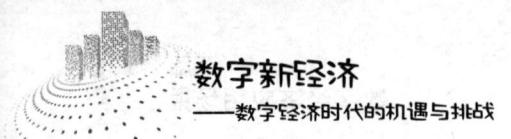

"中储智运"赋能数字供应链管理

随着新型数字技术在物流行业的不断运用,以智能化为标志的产业变革正加速席卷整个行业。让越来越多的人认识到,谁能及早插上了"智慧"的双翼,谁就能把握住行业的方向,觅得先机,赢得未来。

在这场数字化浪潮中,中储南京智慧物流科技有限公司敏锐地意识到:是否进行数字化转型,将决定企业的生死。故从公司成立之初,就积极进行数字化转型,利用互联网、大数据、云计算、物联网等新一代信息技术,来打造自己的智慧物流系统。

中储南京智慧物流科技有限公司创立于2014年7月。创立伊始,公司就组建精英开发团队倾力打造中国第一家直营式物流电商平台——"中储智慧运输物流电子商务平台"(以下简称"中储智运")。

中储智运以互联网为载体,通过轻资产经营的"无车承运"方式经销空车运力,以强大的信息系统为支撑,以专业化服务为保障,围绕物流运力实现供需双方交易的电子商务化。2021年7月12日,该公司入选商务部等8家单位

公布的第一批全国供应链创新与应用示范企业名单。

"中储智运"是如何在这么短的时间，成长为行业翘楚的呢？这完全要归功于新技术对企业数字化转型的有力支撑，可以说，没有数字技术的助力与赋能，就没有企业供应链管理的创新与变革。

（1）构建全新的"新物流生态圈"

中储智运借助先进的互联网技术与专业的物流运输服务能力，率先在国内搭建了突破时空界限的"物流运力交易共享平台"与"无车承运人"双平台运营模式，高效解决了物流与供应链信息化程度与效率"双低"、成本与空驶率"双高"的痛点。同时，中储智运的业务没有停留在简单的物流层面，而是将物流、物流大数据、物流金融、物流新消费四大板块业务进行了全方位的无缝融合，构建了一个全新的"新物流生态圈"。因为在中储智运看来，智慧物流是建立在数字化基础之上的，并且基于集约化的需求，最终将形成开放、共享的大平台。

（2）研发丰富的大数据产品

从成立之初，中储智运就十分注重技术创新与系统研发，并且投入了巨大的人力、物力、财力，结合中储60多年的央企物流运营管理经验，不断取得科技创新突破，让传统物流变得更加精准、高效。棱镜智慧物流大数据系统（以下简称棱镜系统）就是中储智运领先技术与实践完美结合的体现，棱镜系统汇集了中储智运产生的全部海量数据，可在管理、运营、人员等方面提供多维度、快速、高效的智能分析及预测，优化了平台、人、车、货各要素间的连接流程。

除此之外，公司还基于大数据平台打造了多款实用的大数据产品，其核心技术产品包括决策报表、价格指数、信用体系、线路规划、运力规划、智能调度、智能匹配、商品流向、智能定价等多个维度，基本囊括了数字物流的所有环节。

（3）全场景数字化智能运营

中储智运倾力打造的物流运力交易共享平台，集成了供应链上下游企业物流的全景大数据，从货主的发单计划，到货物装车，再到在途监控，以及最后的收货结算，实现了"五流合一"，极大地提升了物流效率，除低了运输成本。如，中储智运研发的智运开放平台通过与货主的 ERP 以及 TMS 系统进行对接，能够实现从原材料到生产加工，从发运计划到运力调度全场景数字化智能运营。

以某制造企业为例，该企业通过应用中储智运提供的解决方案：2017—2018 年，为客户提供物流运输信息化管理工具；2019 年为其提供物流运力议价交易服务。通过与其 ERP 系统对接，整合了该公司上游原材料进厂、生产排期，下游货物签收确认等综合生产数据，使得智能匹配技术能够更精准地匹配到合适的运力为其服务，司机无须空跑等待，企业无须主动找车。同时，中储智运平台通过与客户其他物流信息系统实现有效对接，全面简化了运单挂单、报价、对账、司机装卸货、过磅出厂等流程，最大限度地提升了物流运输管理效率，以数字化手段使得物流供应链更加系统化。

（4）精准匹配，智能推送

中储智运的核心产品"精准匹配、智能推送"，其通过大数据对车型、历史承运记录、常跑路线、当前位置、司机画像、货主画像、货源属性等多达十几个维度，以及每个维度的不同变量进行数据建模，将货源与司机进行精准匹配，从而极大地提高了运输效率。

与此同时，中储智运"智能定价"模型采用机器学习方法，基于物价、货品、距离、天气、时间、位置等多个维度几十个变量，能从不同角度来预测每笔订单的运费价格。可以说，"精准匹配、智能推送"真正为用户提供了降本增效

的数字化解决方案。

中储智运始终秉持"用科技让物流更高效"的理念与价值共享的开放态度,为构建"新供应链生态圈"提供数字化解决方案。展望未来,该公司会继续加大创新研发力度,在实践中不断优化完善满足客户需求,提升供应链整体效益,最终实现供应链数字化、标准化、智能化、绿色化。

下篇 数字经济应用场景

第九章 元宇宙：数字技术的未来应用

元宇宙是继 PC 互联网、移动互联网之后，互联网下一阶段的综合形态，它将超越互联网之前的社交、游戏、娱乐等范畴，涵盖更多的场景和内容。随着芯片、网络通信、虚拟现实、游戏、AI、区块链等数字技术的不断突破与应用，元宇宙将深刻地影响人类经济和社会的发展。

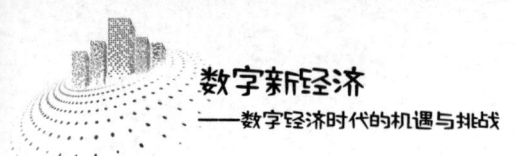

芯片技术：构建元宇宙的物理载体

2021年，科技界大热的一个词，就是"元宇宙"（Metaverse）。简单从字面理解，就是超越现实世界的意思。关于什么是元宇宙，目前没有形成一个非常明确且一致的概念。有观点认为，元宇宙就是一种共享的3D系统；也有观点认为，元宇宙就是新一代的互联网；还有观点认为，元宇宙泛指一个具有交互性、沉浸性和多感知性的世界。准确来说，元宇宙是为了让消费者通过互联网的AR技术、物联网、区块链、数字技术等在虚拟世界实现更好的现实感用户体验和交易，因此元宇宙一旦脱离实体经济、实体科技支撑和发展就会失去价值和意义！

可以肯定地说，谈元宇宙必然绕不开一个话题，那就是芯片技术。这是因为，要实现元宇宙，必须借助最基础的"能源"——算力，算力支撑着元宇宙虚拟内容的创作与体验，而算力的大小取决于芯片技术。可见，芯片是构建虚拟世界的"核芯"，是元宇宙的基建。没有芯片，就没有元宇宙这个虚拟世界存在的物理载体。也可以说，在实现元宇宙的过程中，芯片技术是世界科技巨头们竞相争夺的制高点之一。这也间接促进了芯片技术的发展。

例如，在实现元宇宙时，要用到一项关键技术 XR（扩展现实），它完全依赖于芯片。如果一家企业想发展 XR 产业，却不掌握相关的芯片技术，必然会受制于人。高通是一家全球知名的手机芯片生产商，它很早就开始在 XR 芯片领域布局，并在 2018 年推出了首个 XR 专用芯片平台，把握了行业发展的先机。

苹果、Meta 等科技巨头也在积极进行 VR/AR 芯片的设计。可以预见，将来 VR/AR 产品的芯片将迎来一个加速发展的时期。而随着此市场的持续扩张，未来会有更多的公司参与其中。这些都将带动芯片产业的蓬勃发展。

但是，当下的 VR 设备更像是孤岛，仅仅能够满足个人的娱乐需求。假如要构建一个巨大而逼真的世界，并让人们在其中相互连接，仅凭当下的 VR 设备是不可能实现的。更复杂的世界需要更强大的算力支持，在使用本地渲染技术的前提下，图形处理器（GPU）是必不可少的。在图形处理领域，英伟达（NVIDIA）积累了多年的经验，堪称行业的领导者。

英伟达打造了一个易于扩展的开放式平台 NVIDIA Omniverse，它的底层技术 NVIDIA RTX 是由英伟达创建的图形平台，能够助力新一代应用程序以空前速度模拟物理环境。

Omniverse 是用来做什么的呢？它可以为现实中的物体进行 3D 建模，为元宇宙世界输入不同的模型。其中，3D 建模算法需要基于不同的垂直场景不断优化，从而实现开发者生态、软件生态以及垂直应用场景的发展。当然，这需要消耗惊人的算力。

随着元宇宙概念的持续火热，除了高通、苹果、英伟达，很多企业都对元宇宙表示出了浓厚的兴趣，虽然目前就"应该呈现什么样的应用"，"底层架

构如何"等问题没有达成清晰的共识，但是，不论它们朝什么方向发展，都会极大地促进芯片技术的发展。毕竟，元宇宙的实现是基于云计算的架构，而这个架构又离不开强大的算力。

现在，实现元宇宙的各种应用技术相对粗糙，一个重要的原因，就是其背后的算力不足。随着元宇宙的持续发展，会出现越来越多的应用场景，涉及云计算、区块链、AI等技术，每一个应用场景都会对芯片技术提出更高的要求。如此一来，相关科技企业将会有一个庞大的芯片设计市场。

网络通信技术：开启元宇宙时代的钥匙

作为一种全新的概念，元宇宙的范畴比较广泛，包含社交、电商、教育、游戏，甚至支付等。我们熟悉的各种各样的互联网的应用，在元宇宙上都会有它自己的呈现方式。正是从这个角度讲，元宇宙被认为是构建在 VR/AR 技术基础上的整个互联网。

即便从其他角度看，元宇宙也离不开网络。可以说，元宇宙就是网络的延伸，如果没有发达的网络连接，便无从构建一个多元的、丰富的元宇宙世界。即构建元宇宙，需要依赖先进的网络通信技术。例如，在 2G、3G、4G 时代的网络通信技术就不足支撑元宇宙的构建。在 5G 时代，网络具有速度更快，延迟更低，以及可实现低功率海量连接等特性，这在一定程度上满足了构建元宇宙所需要的大量创新。未来，随着 6G 的发展，元宇宙中会出现更多的体验场景，而且感知的实时性体验也会大幅提升。

什么是网络通信技术？它是指通过计算机和网络通信设备对图形和文字等形式的资料进行采集、存储、处理和传输等，使信息资源达到充分共享的技术。

在元宇宙构建中，要解决的是如何做好"最后一公里"的服务问题，这关乎网络通信技术的3个核心领域：带宽、延迟与可靠性。

1. 带宽：提供海量的实时数据传输

带宽是用来描述网络速度的。与大部分的应用程序和游戏相比，元宇宙对带宽的需求更高。比如，微软公司研究了一款飞行模拟器游戏。它包括2万亿株树木、15亿栋建筑，以及无数的道路、桥梁、山、城市、机场等，看上去就像一个真实的世界。

如果要进行一次模拟飞行，飞行模拟器需要处理上百万GB的数据，对多数个人、企业来说，他们是无法储存如此巨大的数据的，更重要的是，它是一种实时服务，要让玩家看到现实世界的气候和航空运输情况。这需要进行海量的数据处理与传输。

2. 延迟：实现元宇宙的低延时特性

网络延迟，也叫网络滞后，是指由发送者向接收者传送信息及接收人处理信息的时间。在网络上，延时意味着服务器对来自用户的请求进行处理，然后返回的过程。比如，玩多人联机游戏，就需要较低的网络延迟，原因很简单：延迟决定了玩家接收信息的速度，以及他做出的反应传递给其他人的速度。元宇宙虽然不是快节奏的在线多人游戏，但是其社交特性意味着它需要很小的延迟。

在元宇宙世界，要实时、快速地传送大量的数据，并且保持尽可能低的延时，必须依靠强大的通信系统。与3G、4G网络相比，5G在数据传输中有着超低的延时。未来，6G的时延相较5G会大幅减小，有望真正实现元宇宙低延迟的关键特征。

3. 可靠性：提供更好的服务保障

在元宇宙这个虚实融合的应用环境中，用户需要得到与物理空间相同的网络空间体验。在物理空间中，我们的多数体验是"确定性"的，例如，你往返同一条道路，这条道路的物理距离是确定的；你拧一下自己的手背，疼痛感也是比较确定的。然而，在网络空间中，由于所有的端到端通信流量共享相同的物理网络资源，网络时延、网络带宽等用户体验的性能指标受到的扰动比较大，不确定性较强。在二维显示和交互终端，这种性能不确定性带来的负面体验较小，但在三维显示和交互终端，以及在虚实融合的应用环境中，这种负面体验会被成倍放大。也就是说，元宇宙势必要求更好的"确定性服务质量保障"。

如今，互联网已从20世纪六七十年代的计算机组网工具，发展到了网络空间时代，成为人类社会重要的基础设施。回顾过去会发现，每当新一代接入终端具备了上一代接入终端节点不具备的优势特性时，互联网应用领域便会掀起一场新的革命。最初，接入互联网的主流终端是PC。后来，智能手机成了重要的接入终端。无论是PC还是手机，其屏幕仍然是二维显示和交互，而VR/AR技术则具有三维显示和交互功能。

特别是正在兴起的一些新型互联网应用，与传统的基于PC和手机终端的互联网应用相比，对网络的安全性、低时延、确定性、可靠性等方面的需求带来了本质的提升。只有网络基础设施满足了它们的需求，这些新型互联网应用才能从概念变为现实。

因此，站在网络空间的角度，可以说元宇宙是"网络接入终端"在支持三维显示和交互之后，互联网应用的重大升级换代，且这种升级换代很有可能带

来新一轮的产业洗牌。可以预见,随着网络通信技术的不断发展,以及其为新型应用提供的更好的网络支撑和网络服务,不久的将来,我们会真正开启一个新的互联网时代——元宇宙时代。这也是当下国外一些科技巨头,如 Facebook(更名为 Meta)、微软、百度等公司积极布局元宇宙的根本原因。

虚拟现实技术：提供极致的沉浸式体验

元宇宙是一个特别开放、复杂、庞大的系统，是未来信息交互的终极形态。它涵盖了整个网络空间系统，以及众多硬件设备和现实条件，是由多类型建设者共同构建的超大型数字应用生态。虚拟现实技术作为元宇宙核心技术之一，是该系统中必不可少的一环。

当下，随着"元宇宙"概念的持续火热，"虚拟现实"也成了一个高频词。那什么是虚拟现实？大多数人会说：

"虚拟现实技术就是3D技术。"

"是戴着VR眼镜看到的画面。"

"就是在VR体验馆感受到的场景。"

其实，这些都是狭义的虚拟现实，可以说，它们只是虚拟现实最常见的一些应用。广义的虚拟现实，除了VR，还包括AR（Augmented Reality，增强现实）和MR（Mixed Reality，混合现实），它们合称"泛虚拟现实"，即XR。

XR是以计算机为核心，通过将虚拟信息构建、叠加，再融合于现实环境或虚拟空间，进而形成交互式场景的综合计算平台。也可以这样理解：它是建立一个包括实时信息、三维静态图像，或者运动物体的完全仿真的虚拟空间，并依照某些规则与用户进行交互。

VR、AR与MR的差异，主要体现在虚拟信息和真实世界的交互方式上。该虚拟空间可以独立于真实世界之外（VR技术），也可叠加在真实世界之上（AR技术），或者与真实世界完全融合（MR技术）。所以说，虚拟现实技术可以无缝衔接现实与虚拟，让我们实时地体验更加逼真的虚拟世界。

VR技术最早诞生于NASA的Ames实验室。作为VR技术的发源地，美国如今仍然引领着全球VR产业的发展。国内VR技术研究起步比较晚，与欧美发达国家有不少的差距，尤其是高性能图形显卡和3D引擎。

互联网的红利时代从20世纪90年代开始，经历了从Web1.0、Web2.0到Web3.0的过渡。在Web1.0，人们注重网络冲浪体验，在Web2.0，人们更倾向交互体验，而如今的Web3.0开启了元宇宙时代。随着虚拟现实技术不断应用，一种全新的思维与逻辑正在颠覆着过去我们对互联网世界的认知——新一代计算平台的本质是新显示和交互，在VR、AR技术下，人们沉浸在三维信息世界中，可以通过肢体动作和这个三维世界进行显示和交互。

具体来说，虚拟现实技术的发展主要体同在以下4个方面。

1. 全息构建

需要构建出虚拟世界的几何模型，同时显示在终端设备上，从而产生一种沉浸式的用户体验，这是元宇宙的底层。例如，通过三维重建技术构建店铺的AR商品模型，方便用户点击查看，如此便可以做到一个沉浸式的体验。

2. 全息仿真

即构建出虚拟世界的动态过程,让虚拟世界看上去更像是真实世界。例如,通过图形动画和仿真技术可以构建出活灵活现的虚拟人物,人物的表情、动作、服饰等都非常生动形象,甚至可以应用于直播、走秀等场景。

3. 虚实融合

让虚拟世界和真实世界融合起来。要做到这一点,在技术上,要建立整个真实世界的精确定位以及叠加的相关虚拟信息。为此,需构建一个 AR 世界,以打破虚拟世界与真实世界的边界。例如,在航空博物馆,用户戴上 AR 眼镜后,让自己仿佛置身于浩瀚的太空。

4. 虚实联动

虚实联动就是通过改变虚拟世界来改造真实世界,要做到这一点,需解决一个根本性问题,那就是精确地操控机器人。比如,让机器人可以在车间从事生产,以减少人力成本。

综上所述,作为构建元宇宙的核心技术之一,从场景角度来看,虚拟现实技术的发展主要经历了 4 个阶段。第一个阶段是基础应用阶段,第二个阶段是补充应用阶段,在这两个阶段,虚拟现实技术基本运用于 B 端,很少涉及 C 端,且内容单一,缺少互动性。第三个阶段是泛行业应用阶段,目前,虚拟现实技术正处于这一阶段,其应有的价值逐步开始显现,并提升了相应行业的效率,也实现了 B 端用户到 C 端市场的拓展。第四个阶段为应用生态构建阶段。在这一阶段,虚拟现实技术将会涵盖各个领域,具有高沉浸、高互动、高渗透等特点,且具有的价值会得到进一步体现。

如今,随着虚拟现实技术的深入发展,越来越多的行业开始呈现数字经济

的新业态、新模式。如，在工业制造领域，生产厂家与一些科技巨头合作建设工厂，在完成虚拟设计后，直接向工厂下达生产指令；在医疗健康领域，虚拟现实技术已经在诸如口腔、脊柱、整形等手术方面得到了一定的运用。除此之外，在新闻传播、教育培训等领域，VR技术也得到了一些应用。

可以预见，随着虚拟现实技术的不断演进，过去曾在科幻电影或小说中出现的场景，或许未来某一天会在元宇宙中实现。

游戏技术：打破虚拟与现实世界的壁垒

目前，数字技术在元宇宙中应用最成功的，莫过于游戏了。基于VR、数字孪生、区块链、高速通信等信息技术，虚拟世界看上去越来越真实，人们可以通过穿戴设备进入这一世界进行生活、社交、游戏，甚至进行经济往来。

在1992年，美国著名科幻大师尼尔·斯蒂芬森在其小说《雪崩》中这样描述元宇宙："戴上耳机和目镜，找到连接终端，就能够以虚拟身份的方式进入由计算机模拟、与真实世界平行的虚拟空间。"

在电影《头号玩家》中，就有这样的场景：通过虚拟现实、数字技术，现实中的人在虚拟世界中相遇，发生关联互动，并在真实的世界中产生影响。

人们觉得元宇宙这个概念够新、够刺激，主要是因为它展现了数字化的虚拟技术，特别是游戏技术，将现实世界与虚拟世界巧妙地融合在一起，帮助现实世界实现一些超越现实的体验。也正是因为初期的元宇宙展现出来的场景具有相当的娱乐性，且其注重的几个核心概念，如3D、社交、虚拟身份、虚拟货币、用户创造内容等也是一些游戏的常见功能，故人们习惯于拿它与游戏作对

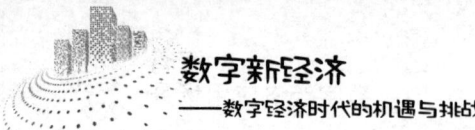

比，甚至认为，元宇宙就是一种游戏。

其实不然，可以说元宇宙是一个新的游戏世界，但元宇宙不等于游戏，游戏只是元宇宙的起始。从现在发展的内容看，造成这一现象的原因，只是因为游戏本质上相对更接近元宇宙的概念，游戏技术包含的游戏引擎、游戏代码以及多媒体资源等内容，与元宇宙相关概念最符合。

目前，相较于其他技术，游戏技术在元宇宙中应用得较多，且大多数关于元宇宙的概念产品都集中于网络游戏、VR/AR、社交等领域。因此，游戏被业界普遍认为是最有可能实现"元宇宙"的领域。当然，在元宇宙中，有些"游戏"功能早已超出了游戏本身，甚至不只是游戏了。

举个例子，国外一知名歌手在游戏《堡垒之夜》中，以虚拟形象举办了一场虚拟演唱会，吸引了全球千万玩家参与其中，打破了娱乐与游戏的边界。再如，受疫情影响，国内外一些大学不约而同地在沙盘游戏《我的世界》中齐聚一堂，完成"云毕业典礼"，实现了虚拟游戏和现实社交的融合。

在现实生活中，我们也能切身体验到这种游戏技术。如，不少人就体验过Meta的元宇宙产品Horizon Worlds。与普通的语音电话、视频会议、文字聊天等通过电脑屏幕交互相比，Horizon Worlds主要由这么几个要件构成：在硬件方面，每人配备一个VR头盔，并预装VR的会议服务软件Horizon Workrooms，以便进入元宇宙会议。每个人都可以挑选心仪的"卡通"形象代表自己。这样，大家来到各自预订的"房间"时，就会出现各种"卡通人"围坐在一张会议桌前的情景。

与会者如何操作电脑？在Horizon Workrooms的会议室里，实现了同步显示功能，比如，打开会议记录本、打开工作邮箱等，现实中的自己可以与元宇

宙中的那个"他"实现行为同步。

可见,在元宇宙的世界中,运用一些游戏技术,可以让我们把工作变为"游戏"。未来,随着一些新技术的不断应用,游戏会逐渐成为一个非常强大的独立生态系统,有自己的货币,可以在里面生活,可以接受教育,可以做生意,从而极大地提升人们在虚拟世界的体验。如此一来,长期存在于虚拟世界与现实世界之间的一些壁垒也就被打破了。

元宇宙游戏强调高自由度和社交属性,鼓励用户创作,并提供虚拟好友一起游戏、竞赛的互动体验,以形成良性循环。如此,才能提升用户体验,并增加用户的黏性。

AI 技术：构建更智能的"互联网+"世界

构建丰富、多元的元宇宙，必然会产生大量的数据以及各式各样的场景。那该怎样处理这些海量的数据与场景呢？答案是：人工智能，即我们常说的 AI 技术。

在元宇宙，会存在各式各样的场景。在前期元宇宙的建设中，显然人工智能不会这么"聪明"，但当它见多识广后，会变得越来越智能。比如，现在我们需人工智能在元宇宙识别一张桌子，仅仅只有一张桌子时人工智能可以有效识别，但如果桌子总是与沙发一起出现，人工智能很可能学到的就是沙发的特征。再经过这样反复的训练，如果新的图片中只有沙发，没有桌子，人工智能很可能把沙发认为是桌子，但通过更多的数据，更多的只有桌子的场景，人工智能就能慢慢知道桌子的特征从而准确识别桌子。可见，数据对于人工智能来说非常重要，只有数据覆盖到各种可能的场景，才能得到一个表现良好的模型，使人工智能具备应有的智能。

AI 技术是构建元宇宙的核心技术之一，而数据、算法和算力又是 AI 的三大要素，数据是人工智能发展的基石和基础，算法是人工智能发展的重要引擎和推动力，算力则是实现人工智能技术的一个重要保障。

过去，我们一提"AI 技术"，就会想到视觉图像处理、人脸识别、分检等。其实，这只是 AI 技术在现实生活中最常见的应用。在构建元宇宙的过程中，AI 技术在诸如大数据分析、预测，算力提升，以及在对现实世界进行越来越多的模拟仿真、抽象、总结等方面得到越来越广泛而深度的运用。

在现实生活中，人工智能的应用越来越普遍。例如，在面向消费者的应用中，人工智能在面部识别、自然语言处理（NLP），以及在其他方面发挥着重要作用。

未来，随着 AI 技术数据解析能力越来越强，它将会更多地应用于增强现实（AR）和虚拟现实（VR），以构建更智能的沉浸式世界。下面，我们列举其在元宇宙中的五大潜在的应用。

1. 精确创造化身

用户处于元宇宙的中心，用户化身的准确性将决定他和其他参与者的体验。人工智能通过计算，能够分析 2D 用户图像，或者进行 3D 扫描，以模拟出高度逼真的用户形象。然后，它可以绘制各种面部表情、情绪，甚至发型、姿态等带来的人物形象的变化等，使化身更加逼真。现在，有些科技公司已经在使用人工智能为元宇宙构建化身。

2. 数字人类

数字人类完全使用人工智能技术构建，对元宇宙的景观极其重要。那什么是数字人类？简单来说，就是存在于元宇宙中的聊天机器人的 3D 版本。它们不是某一个人的化身，相反，它们更像是游戏世界中具有人工智能的非玩家角色（NPC），在虚拟现实世界中，它们能够对你的一些行为作出相应的反应。

比如，一些虚拟或是现实工作场所中的自动化助手，就属于数字人类。

3. 多语言可访问性

数字人类的一个重要工作，就是语言处理，即运用人工智能，来分析英语、汉语等自然语言，将其转换为机器可读的格式，执行分析，得出响应，将结果转换回自然语言并发送给用户，以达到一种面对面即时交流的效果。

多语言可访问性，就是可以将结果转换成任何一种语言，这将极大地方便世界各地的用户访问元宇宙。

4. 虚拟现实世界的大规模扩张

虚拟现实世界的大规模扩张离不开人工智能的自我学习，他可以从自己之前的输出中学习，即当向人工智能引擎输入一些数据时，它能结合历史数据，尝试提出自己的数据，这也最能体现人工智能的价值。随着新的输入、人工反馈，以及机器学习的强化，人工智能输出的数据会变得越来越准确，最终，人工智能将能够独自执行一些任务，并提供几乎与人类一样好的输出。如此，人工智能将有助于推动元宇宙的扩展，即在没有人类干预的情况下添加新世界。

5. 直观界面

人工智能还可以辅助人机交互。比如，当你戴上支持人工智能的虚拟现实（VR）耳机时，它的传感器将能够读取并预测你的电子和肌肉模式，从而准确地知道你想在元宇宙中做怎样的动作，它还可以帮助你在虚拟现实中重建真实的触觉。再如，它还能实现语音导航，让你与虚拟对象进行无障碍交互。

未来，人工智能无疑将是元宇宙的核心。它将有助于创造一个这样的互联网环境：在其中，人们会有更强的创作愿望，也可能习惯与 AI 分享自己的元宇宙环境，这些 AI 机器人将帮助他们完成要做的事情，或者与他们一起打打球，

下下棋。

当然,随着 AI 技术的发展和进步,人们也可能会变得越来越懒,每天只是无所事事地戴上头盔,享受虚拟世界带来的快乐。

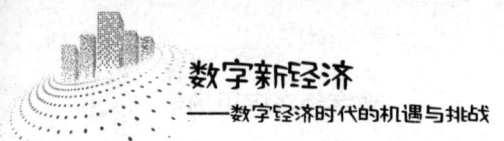

区块链技术:元宇宙时代的"基础设施"

元宇宙是一种数字宇宙,它需要一个完备的闭环金融体系和虚拟货币。如果说,互联网技术是互联网时代的"基础设施",那么,区块链技术就是元宇宙时代的"基础设施"。不管是VR/AR等虚拟现实设备,还是脑机接口,抑或是物联网技术,如果缺少了区块链技术的支撑,就无从发挥自身价值。

试想一下这样的场景:一些科技巨头将各自的应用程序连接起来,以构建一个去中心化的元宇宙,但A公司的头戴设备只能通过自己的3D虚拟空间进行交互,不能与B或C公司的版本互连,即便可以,他们也不太可能只允许其中的某一家公司来管理和控制共同的元宇宙。

所以,要构建真正的元宇宙,离不开一种全新的共治模式——多个用户、参与者和社区成员协同工作,以开发和管理元宇宙网络。区块链技术很好地契合了这一模式。

这是因为,在众多元宇宙底层技术中,区块链基于自身的技术特性,使其

成为保障元宇宙中社会环境的关键技术基础。其好处有以下3点：

一是保证数据不会被篡改。元宇宙的产生，一定会伴随着海量的数据，我们在享受科技便利的同时，个人隐私也可能被暴露，而区块链是一种按时间顺序，将源源不断地产生的信息区块以顺序相连方式组合而成的一种可追溯的链式数据结构，它可以确保数据不会被篡改、伪造。即当交易信息一旦通过验证并且记录到区块链中，就会被永久保存，无法被篡改。

二是去中心化。这是区块链最突出本质的特征，由于是通过分布式核算和存储的方式进行管理，因此区块链不再依赖于第三方管理机构或硬件设施，没有中心化的管制，所有节点都具有均等的权利和义务，能够实现信息的自我验证、传递和管理。所以，区块链中的数据不仅具有很高的安全性，而且去中心化还降低了信用的成本。

三是匿名性。区块链上的节点和交易者都有一个用数字和字母组成的唯一的地址，用以标识自己的身份，由于节点之间的交换遵循固定的算法，数据的交换是无须信任的，所以并不需要以公开身份的方式来获取信任。

Facebook较早开始布局区块链，而且还发布了虚拟加密货币Libra。之后，将名字改为Meta，伸开双臂拥抱元宇宙——在用区块链技术建构了元宇宙的基础之后，Meta便可以将增强现实、人工智能和物联网等技术囊括进来，从而去建构一个被称作元宇宙的全新时代。可见，区块链不但是元宇宙的底层核心技术之一，也是元宇宙时代的"基础设施"——元宇宙离不开区块链技术。

未来，区块链技术在元宇宙的应用，主要体现在以下几个方面。

1. 为元宇宙提供身份标识

在元宇宙中，每个人都一个身份标识，且是唯一的。可以说，在元宇宙中不存在完全相同的两个"我"，这是当前的互联网比较难实现的功能。由于区块链技术的防篡改性和可追溯性，保证了元宇宙里身份的唯一性。有了这种保证，人们才能真正畅游于元宇宙里，而不会担心自己的财富被窃，身份被冒用等。可以说只有拥有这项基础保障，元宇宙才有真正的发展。

2. 建立规则公开透明的网络世界

与现实世界相比，元宇宙更像一个全新的世界。要想让这个世界有序地运行，规则必不可少。怎么做呢？通过智能合约的方式，提前将规则用代码规定好，这样既可以保证代码是无黑箱操作，又能保证规则不被篡改，从而保证元宇宙成为一个规则公开透明的公正安全的世界。

3. 为元宇宙提供资产支持

当真正元宇宙到来的那一天，人们的生活、工作、学习等，都可以在元宇宙中完成，这离不开对元宇宙中的数字化资产的确权。如何保障数字资产的安全，怎样对数字资产进行交易呢？

区块链技术中的NFT提供了很好的解决方案，NFT（Non-Fungible Token），即非同质化代币，具有不可篡改、不可分割、不可替代且独一无二的特点。其不可篡改、不可分割性，说明任何一次与NFT相关的数据的更改，都会体现在区块链之上，并且有迹可查。而不可替代且独一无二，则表明了任一NFT在区块链上的表达都是可溯源的确权。可见，区块链不但能够满足元宇宙资产数字化的要求，且在即时交易和可信度方面具有其他技术不可比拟的优势。

综上所述,区块链技术不但是元宇宙整个经济体系的重要基础,而且还是打通虚拟世界与现实的桥梁,并保证元宇宙这个体系运行的稳定、高效、透明和确定性。可以说,如果没有区块链技术,元宇宙的发展将只能停留在概念阶段,或是只停留在一种游戏形态。

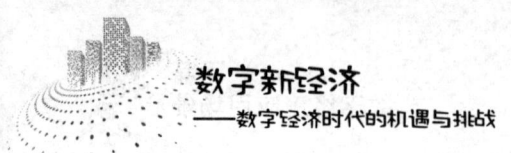

后记：元宇宙的未来运用及思考

现在不少人都在宣传元宇宙概念。那么，何为元宇宙？这需要大家全面务实的思考。说到底，元宇宙是互联网技术服务的深度运用方向，其目的是让客户获得更好的体验，进而受到客户的欢迎。元宇宙目前尚处于提出概念阶段，并未进入实现的地步。原因不是技术存在难度，所有技术都是现成的，而是如何运用元宇宙及运用元宇宙的经济价值和意义是什么。因此，人们必须从元宇宙的运用层面去研究和思考它。

首先，要真实运用元宇宙，就必须考虑它的实现成本和投入价值，因为说到底元宇宙只相当于一个平台载体，要知道，凡没有实体利益支撑的互联网平台都不可能有真正的未来，而互联网平台又是低门槛和最易被复制的，同时互联网行业又是最烧钱的行业，目前即便是有人、有技术、有钱的实力强大的BAT（百度、阿里、腾讯）大佬们都不会随便参与。原因在于，元宇宙虽能帮助平台升级，但还只是理想，并未真正实现，这其中，技术不是最主要的问题，关键在于，所需要的技术人员多，维护成本高，运作周期长。具体来说，要实现元宇宙为互联网行业所用，除了需要有维护正常平台的技术人员外，还需要围绕产品进行 AR 画图的拍照、场景设计、AR 制作、运用连接及维护，仅实现单个产品都需要不菲的资金和时间，要想实现真正的元宇宙，就需要花费巨额的资金、投入海量的技术人员、耗费相当长的时间。即便如此，结果如何也还是个未知数。此外，人们需求的千变万化、产品的快速迭代、技术人员的技术更新、成本何时收回等都是需要认真考虑的问题。

因此，元宇宙的实现及运用还需要企业在不影响自我正常资金运转及投入合理成本的前提下，根据真实需求去逐步建立并完善元宇宙，最终达到实现元宇宙为人类服务的目的。